GCSE French

EXAM REVISION NOTES

Joe Jannetta

Philip Allan Updates
Market Place
Deddington
Oxfordshire
OX15 0SE

tel: 01869 338652
fax: 01869 337590
e-mail: sales@philipallan.co.uk
www.philipallan.co.uk
© Philip Allan Updates 2002
ISBN   0 86003 444 5

Design by Juha Sorsa
Illustrations by Jim Watson and James Osborne
Cover by Neil Fozzard
Printed by Raithby, Lawrence & Co Ltd, Leicester

Contents

Topic 5
The young person in society

About this book

It is essential to revise well for your exams to achieve the highest grade you can. You will remember certain words and will understand certain points of grammar, but you will be hazy about many things you have learned over the time you have been preparing for GCSE French. These Revision Notes have been designed to help you revise systematically and effectively.

The contents page

Use the contents page to help you to work out your programme of revision. First look at the lists of words and the grammar items you think you are most familiar with. When you are sure you know these well (the Test Yourself sections will help you to check this), pass on to the lists of words and grammar you think you do not know so well. Reserve the bulk of your revision time for the vocabulary and grammar you are least familiar with.

Vocabulary

The vocabulary lists form the basis of each section and they are used throughout the grammar examples, dialogues, role-plays etc., so that you can see this vocabulary in use. In this way you should become increasingly familiar with the vocabulary. Even so, you must learn each list of words thoroughly.

Grammar

The grammar items in each section give simple explanations and many examples, with English translations.

Role-plays and presentations

These are examples of the kinds of work you will have to do in the Speaking tests at GCSE.

Try out your French

These are dialogues with a French young person in which you will have the chance to practise the vocabulary and grammar you have just revised.

Test yourself

A wide range of different kinds of test will help you to learn the vocabulary and grammar of each section.

Examination questions

You will find examples of Higher and Foundation questions. These will generally test your reading and writing skills. You can see the kinds of question you will have to answer in the exam and you can use them for extra practice. Try to have the text of the Listening tests recorded, in order to practise listening to French.

Verbs

There will be a list of the irregular verbs with all their forms in your course book. This book gives a simple explanation of how to form the main tenses and the meanings of the three regular conjugations.

Make sure you have a firm grasp of at least the main tenses. You may know thousands of words, but if you cannot use verbs you will not be able to form correct sentences.

Revision advice

1 Use your French

Seize every chance to practise your French, whether it is speaking, reading, listening or writing. Below are some of the ways you can do this.

Speaking
- Take full advantage of the classes with the French assistant. Prepare what you are going to say beforehand. In this way you can practise the points in which you think you are weak.
- Speak in French with your classmates, especially just before your Speaking exam.

Listening
- Find suitable material on the internet. Ask your French assistant and/or your French teacher what to listen to.
- If you want to try listening to French radio programmes, start with something familiar such as world news headlines, or reports of sports events you already know about. Record short items so that you can listen to them as many times as you wish. To attune your ear to the language, listen to French just before you do the Listening tasks in the exam.

Reading
- Read material which interests you. If you have a hobby, try to obtain a French magazine on the subject.
- Look at French websites which cover your interests.
- Ask your French assistant and/or French teacher to recommend any other suitable reading material in French.

Writing
- Write something in French every day. The best way to do this is to keep a diary in French. Don't worry about the subjects being trivial. You can write about the weather, what you had to eat, what you saw on television or at the cinema, giving your opinions which need only be 'C'était bien/mauvais' or 'J'ai aimé ce film parce que c'était intéressant' and so on. In this way you will become more and more familiar with all the basic vocabulary, verbs and tenses.
- Keep up communication with your French-speaking pen pal. This can be done by e-mail and, as in your diary, you can write about simple everyday matters.

2 Make a practical revision plan and keep to it
- Learn a certain number of words every day.
- Test yourself on the words you have learned at the end of each week of your revision programme.
- Learn one item of grammar every day and test yourself on it.
- Learn the main tenses of one irregular verb every day.
- Practise a GCSE question when you have worked through a topic section in this book.

These Revision Notes provide you with the language facts you have to learn, and are presented in such a way as to make your revision clear and well directed. Practising the language will help you to fix those facts more firmly in your mind.

Topic 1
Everyday activities and family life

Self, family and friends

What you can revise in this section

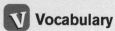 **Vocabulary**

- relations, friends and members of the family
- adjectives describing people
- other vocabulary on self, family and friends

 Grammar

- how to use adjectives, e.g. how to make them agree with words they describe
- possessive adjectives, e.g. mon, ma, mes

V Relations, friends and members of the family

beau-frère (m)	brother-in-law
beau-père (m)	father-in-law, stepfather
belle-mère (f)	mother-in-law, stepmother
belle-soeur (f)	sister-in-law
copain (m)	friend, mate (male)
copine (f)	friend, mate (female)
cousin (m)	cousin (male)
cousine (f)	cousin (female)
demi-frère (m)	half-brother
demi-soeur (f)	half-sister
enfant (m)	child
enfant unique (m)	only child
famille (f)	family
fille (f)	daughter, girl
fils (m)	son

frère (m)	brother
garçon (m)	boy
grand-mère (f)	grandmother
grand-parent (m)	grandparent
grand-père (m)	grandfather
grands-parents (m)	grandparents
jumeau (m)	twin (male)
jumelle (f)	twin (female)
maman (f)	mother, mum, mummy
mère (f)	mother
oncle (m)	uncle
papa (m)	father, dad, daddy
parents (m)	parents, relations
père (m)	father
soeur (f)	sister
tante (f)	aunt

Je suis Patricia. Voici une photo de ma famille. Elle a été prise le jour du quarantième anniversaire du mariage de mes grands-parents, Anne et Bernard. Ils sont au premier rang au centre. Me voilà au deuxième rang à gauche avec mes parents, Hubert et Marie-Claire. Mon père est le fils de mes grands-parents. A côté à droite sont mes cousins Joe et Catherine avec leurs parents mon oncle Pierre et ma tante Michèle qui est la soeur de mon père. Puis il ya mon oncle André et ma tante Louise qui est aussi la soeur de mon père. Leurs enfants, Emmanuelle et Michel, sont jumeaux. Finalement il y a mon oncle Louis et ma tante Chantal, la soeur cadette de mon père.

I'm Patricia. This is a photo of my family. It was taken on the fortieth wedding anniversary of my grandparents, Anne and Bernard. They are in the front row in the centre. I'm in the second row on the left with my parents, Hubert and Marie-Claire. My father is my grandparents' son. Next to him, to the right, are my cousins Joe and Catherine with their parents, my uncle Pierre and my aunt Michèle, who is my father's sister. Then come my uncle André and my aunt Louise, who is also my father's sister. Their children, Emmanuelle and Michel, are twins. Finally, there is my uncle Louis and my aunt Chantal, my father's youngest sister.

Voici la description de deux de mes correspondants français.

Boris

Il a 15 ans.
Il habite à Paris.
Il est grand et a
les cheveux roux
et les yeux verts.
Il porte les lunettes.
Il est très sportif.
Il aime jouer au
tennis et faire du ski.

Nathalie

Elle a 16 ans.
Elle habite à
Nice. Elle est
assez petite
et elle est maigre.
Elle est blonde et a
les yeux bleus. Elle est
calme et très gentille.
Elle n'est pas très
sportive. Elle adore
faire du théâtre.

V Adjectives describing people

aimable	pleasant	grand	tall, big
aîné	older, eldest	impoli	rude, impolite
amusant	amusing, funny	intelligent	intelligent
anglais	English	irlandais	Irish
bleu	blue	jeune	young
blond	blond, fair	joli	pretty
brun	brown	long (m), longue (f)	long
cadet (m), cadette (f)	youngest	maigre	thin, slim
calme	quiet	marron	reddish brown
charmant	charming	méchant	naughty
châtain	chestnut colour	meilleur	best, better
content	happy	mince	thin, slim
court	short	petit	small
drôle	funny	poli	polite
dynamique	energetic, active	rose	pink
ecossais	Scottish	roux (m), rousse (f)	orangey red
formidable	marvellous	sérieux (m), serieuse (f)	serious
frisé	curly	sympathique	nice
gallois	Welsh	triste	sad
gentil (m), gentille (f)	pleasant, kind	vert	green
		vieux (m), vieille (f)	old

Other vocabulary on self, family and friends

adorer	to love, adore
âgé	aged
aimer	to like, love
amitié (f)	friendship
amour (m)	love
an (m)	year
anniversaire (m)	birthday, anniversary
cadeau (m)	present
caractère (m)	character
cheveux (m pl)	hair
couleur (f)	colour
habiter	to live
jouet (m)	toy
lunettes (f pl)	glasses, spectacles
ménagère (f)	housewife
mois (m)	month
nez (m)	nose
noces (f pl)	wedding
noël (m)	Christmas
nom (m)	name
oeil (m)(pl yeux)	eye, eyes
oreille (f)	ear
porter	to wear, carry
prénom (m)	first name
recevoir	to receive
remercier	to thank
s'appeler	to be called
très	very
venir	to come
voeux (m pl)	wishes

Grammar

How to use adjectives

Adjectives have to show agreement with the nouns they describe. To form the feminine for most adjectives, you add an 'e' to its masculine form:

Mon frère est grand. Ma soeur n'est pas grand**e**.

To form the plural you add an 's':

	Singular	Plural
Masculine	mon grand frère	mes grands frères
Feminine	ma petite soeur	mes petites soeurs

Here are some unusual feminine endings:

Masculine	Feminine	Masculine	Feminine
-er	-ère	premier	première
-et	-ette	cadet	cadette
-eux	-euse	sérieux	sérieuse
-if	-ive	sportif	sportive
-il	-ille	gentil	gentille
-on	-onne	bon	bonne
-oux	-ousse	roux	rousse

When the masculine form of an adjective ends in 'e', you do not add another 'e' for the feminine:

Mon frère est maigre et ma soeur est maigre aussi.

You do add an 'e' if the adjective ends in 'é':

Mon frère aîné. Ma soeur aînée.

Adjectives are generally placed after the noun:

Michel a les yeux bleus.

But the following are generally placed before the noun:

beau	good looking/ beautiful	joli	pretty
bon	good	long	long
gentil	kind	mauvais	bad
grand	big, tall	méchant	naughty/wicked
gros	fat, big	nouveau	new
haut	high	petit	small
jeune	young	premier	first
		vieux	old

la petite fille française
le jeune homme maigre
la jolie chienne noire
la grande maison ancienne
le vieux livre français

Possessive adjectives

Masculine singular	Feminine singular	Masculine and feminine plural	Meaning
mon	ma	mes	my
ton	ta	tes	your (using 'tu')
son	sa	ses	his, her, its
notre	notre	nos	our
votre	votre	vos	your (using 'vous')
leur	leur	leurs	their

Try out your French

Marie-Louise Parle-moi un peu de ta famille.

You **(1)** Say you have a sister and a brother.

M-L Quel âge ont-ils?

You **(2)** Say your sister is 17 and your brother is 13.
(3) Say your sister is tall and slim and your brother is quite tall and is very intelligent.
(4) Ask M-L if she has any brothers and sisters.

M-L   Oui, j'ai deux frères. Alain a 15 ans et Michel a 18 ans. Ils sont tous les deux très grands. Le jour de l'an nous avons une grande réunion de toute la famille, grands-parents, oncles, tantes et cousins. Est-ce que c'est la même chose chez toi?

You   **(5)** Tell M-L that your family gets together in a hotel at Christmas.
      (6) Say you have a big meal and give presents.

For answers see p. 29.

Test yourself

 Vocabulary

1 Adjectives

Translate the following adjectives into French:

(a) young **(b)** amusing **(c)** old **(d)** happy **(e)** short **(f)** thin **(g)** sad **(h)** serious **(i)** small **(j)** tall

The anagrams of the words you need are in the box but not in the same order.

  nagrd   xeivu   samutan   toncent   siéerux   aimegr   toucr   tister   eunej   tepit

2 Family members

Supply the missing words.

(a) Ils sont deux frères qui sont exactement du même âge. Ils sont j_____.

(b) Le père de mon père. C'est mon g_____ -p_____.

(c) La fille de mon oncle. C'est ma c_____.

(d) Le frère de ma mère. C'est mon o_____.

(e) Je n'ai ni frères ni soeurs. Je suis e_____ u_____.

(f) La mère de mon père. C'est la b_____ -m_____ de ma mère.

(g) Ma demi-soeur est la fille de mon b_____ -p_____.

(h) C'est la soeur de mon père. C'est ma t_____.

For answers see p. 29.

g Grammar

1 Agreement of adjectives

Complete the sentences on p. 12 using the correct form of the adjectives (the masculine form is given in brackets).

(a) Ma copine est très (sportif).

(b) C'est une (grand) fille (blond).

(c) Mes soeurs (aîné) sont très (intelligent).

(d) Ma correspondante (français) est (gentil).

(e) C'est une (jeune) fille (sérieux).

(f) J'habite une (grand) maison (vert).

(g) Mon père est (dynamique).

(h) Mes deux cousins (français) sont très (drôle).

2 Possessive adjectives

(i)   Complete the sentences by choosing the correct word in brackets.

(a) C'est (mon, ma, mes) frère.

(b) Ce sont (notre, nos) parents.

(c) (Ton, Ta, Tes) frère est intelligent.

(d) Où sont (leur, leurs) parents?

(e) (Notre, Nos) père est en France.

(f) (Mon, Ma, Mes) soeur travaille en France.

(g) C'est une belle photo de (votre, vos) soeur.

(h) Quel âge ont (ton, ta, tes) grands-parents?

(i) (Mon, Ma, Mes) mère est dynamique.

(j) (Leur, Leurs) famille est riche.

(ii)   Now translate the completed sentences into English.

For answers see p. 29.

For answers see p. 29.

Exam question

Reading comprehension — higher tier

Lisez la lettre.

Je m'appelle Sophie. J'ai quinze ans. Je ne suis pas très sportive mais j'aime faire du ski.

En janvier ma famille et moi passons plusieurs jours à une station de ski dans les Alpes françaises. Cette année ma copine Nathalie va nous accompagner pour la première fois.

J'ai un grand frère. Il s'appelle Serge et il a dix-neuf ans. Il fait des études de médecine à l'université de Bordeaux. Ma mère a 40 ans et mon père a 42 ans. Moi, j'aime les animaux. A la maison nous avons un chien, un boxer. Il est très gentil. Il s'appelle Tommy. Nous passons les grandes vacances chez mes grands-parents à la campagne où chaque jour je fais du cheval.

Indiquez si les phrases sont vraies ou fausses.

Si la phrase est fausse, écrivez F et le détail correct.

Exemple: Sophie a quatorze ans.

F **Quinze ans**

Si la phrase est vraie, écrivez seulement V.

Exemple: Sophie va avec sa famille à la station de ski.

V

(a) La station de ski est en Italie.

....

(b) Sophie va à la station de ski en hiver.

....

(c) Serge est toujours au lycée.

....

(d) La mère de Sophie est moins âgée que son mari.

....

(e) Les grands-parents de Sophie habitent dans les banlieues.

....

Daily routine and school

What you can revise in this section

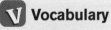 **Vocabulary**

- subjects
- places
- people
- other school vocabulary

 **Grammar**

- reflexive verbs, especially to describe your daily routine
- quantifiers — use of words like très, trop, assez
- telling the time

Getting up and going to school

1 Je me réveille vers 7h 15

2 Je me lève

3 Je prends une douche

5 Je me peigne

4 Je me rase

6 Je m'habille

7 Je descends à la cuisine

8 Je prends le petit déjeuner

9 Je me brosse les dents

11 Je quitte la maison vers 8h

10 Je range mes affaires

12 Je prends le bus au coin de la rue à environ 8h 5

13 J'arrive à l'école vers 8h 30

At school

Les cours commencent à 9 heures

Il y a récréation de 10 heures quarante à 11 heures

Les cours recommencent

A midi 45 nous prenons le déjeuner à la cantine

Quelquefois l'après-midi nous faisons du sport

Nous quittons l'école à 3 heures et demie

Evening

Le soir je passe deux heures et demie à faire mes devoirs. Si j'ai du temps libre je regarde la télé ou j'écoute mes disques. Je me couche d'habitude vers 10 heures et demie.

 Subjects

allemand (m)	German
anglais (m)	English
art (m) dramatique	drama
arts (m) ménagers	domestic science
biologie (f)	biology
chimie (f)	chemistry
couture (f)	sewing
cuisine (f)	cookery
dessin (m)	drawing, art
dessin (m) technique	technical drawing
education (f) physique (gym)	physical education
espagnol (m)	Spanish
français (m)	French
géographie (f)	geography
grec (m)	Greek
histoire (f)	history
informatique (f)	computer science
instruction (f) civique	civics
instruction (f) religieuse	religious education
italien (m)	Italian
langue (f)	language
latin (m)	Latin
littérature (f)	literature
mathématiques/ maths/math (f)	mathematics/ maths
matière (f)	school subject
musique (f)	music
russe (m)	Russian
sciences (f) économiques	economics
sciences (f) naturelles	biology
sciences (f) physiques/ physique (f)	physics
science (f) sociales	social studies
technologie (f)	technology
travaux (m) manuels	craft

V Places

atelier (m)	workshop
cantine (f)	school canteen
centre (m) de documentation d'information(CDI)	resource centre combining library and other forms et of information
collège (m) d'enseignement secondaire (CES)	secondary school (11–14)
cour (f)	playground
école (f) maternelle	nursery school
école (f) primaire	primary school
gymnase (m)	gymnasium/gym
laboratoire (m) des langues	language laboratory
lycée (m)	secondary school (15–18/19)
salle (f) de classe	classroom
salle (f) des professeurs	staff room

V People

camarade (m/f)	school friend
directeur (m)/ directrice (f) d'école	head teacher of primary school
documentaliste (m/f)	school librarian in resource centre
économe (m/f)	bursar
professeur/prof (m/f)	teacher
proviseur (m)	head teacher of lycée or collège
surveillant(e)	supervisor (the person/s responsible for discipline in French schools)

V Other school vocabulary

baccalauréat/bac/bachot (m)	exam which completes secondary education
devoirs (m)	homework
épreuve (f), e.g. épreuve orale	test, e.g. oral test
être reçu à un examen	to pass an exam
examen (m)	examination
matière (f) à option	optional subject
matière (f) obligatoire	compulsory subject
passer un examen	to sit an exam
première (f)	second year of lycée
rater un examen	to fail an exam
seconde (f)	first year of lycée
sixième (f)	first year of collège (equivalent to Year 7)
terminale (f)	last year of lycée

g Grammar

Reflexive verbs

In the daily routine above, a lot of reflexive verbs are used, e.g. **Je me réveille** which means literally 'I wake myself' (**Je** = I and **me** = myself). Two pronouns are used in a reflexive verb: a subject pronoun and an object pronoun. Note which ones go together.

je	me	lève	nous	nous	levons
tu	te	lèves	vous	vous	levez
il	se	lève	ils	se	lèvent
elle	se	lève	elles	se	lèvent
on	se	lève			

Quantifiers

These are words or phrases that indicate quantity.

Examples

très ⟶ very	tout à fait ⟶ quite, completely	si ⟶ so
assez ⟶ quite	bien ⟶ very	tout ⟶ quite
trop ⟶ too	presque ⟶ almost	tellement ⟶ so

By using **très** (very), you say how tired you are/how fast the girl is running:

Je suis **très** fatigué.   I am very tired.
Elle marche **très** vite.   She's running very fast.

Here are some examples of other quantifiers being used:

(a) With adjectives
Je suis **assez** fatigué.   I am **quite** tired.
Je suis **trop** fatigué.   I am **too** tired.

(b) With adverbs
Elle marche **assez** vite.   She is walking **quite** fast.
Elle marche **trop** vite.   She is walking **too** fast.

You can also make these sentences negative:

Je ne suis pas trop fatigué.   I am not too tired.
Elle ne marche pas assez vite.   She is not walking fast enough.

Telling the time

Quelle heure est-il?

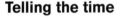

Il est
une heure.

Il est 2 heures
et demie.

Il est midi.

Il est minuit.

Il est minuit
et demie.

Il est
5 heures
et quart.

Il est 7 heures
vingt-cinq.

Il est 11 heures
moins vingt.

Il est 10 heures
moins le quart.

Make sure you can understand the 24-hour clock, which is used for timetables:

vingt et une heures trente	9.30 p.m.	vingt-deux heures	10.00 p.m.
dix-huit heures vingt-cinq	6.25 p.m.	onze heures	11.00 a.m.

Try out your French

Marie-Louise Je suis en seconde. Tu es en quelle classe?

You **(1)** Tell M-L you're in Year 11.

M-L Fais-tu des sciences?

You **(2)** Say you do chemistry and biology.
(3) Ask M-L what sciences she does.

M-L Je fais des sciences aussi mais moi, je fais la chimie et la physique.

You **(4)** Ask if she does languages.

M-L Je fais de l'anglais. Quelle est ta matière préférée?

You **(5)** Say what it is and ask her if she likes it.

M-L Non. Pas beaucoup. A quelle heure commencent les cours chez toi?

You **(6)** Say what time school begins and ask M-L what time it begins in France.

M-L A 8 heures et nous quittons l'école à 4 heures et demie.

You **(7)** Say at what time you leave school.

M-L Tu fais beaucoup de devoirs?

You **(8)** Say you do a lot and how much every evening.

M-L D'habitude je fais 3 heures de devoirs chaque soir. Tu es membre d'un club?

You **(9)** Say what you are interested in and how often you do it.
(10) Ask M-L what she does in the way of after-school activities.

M-L Je suis très sportive. J'aime beaucoup la natation. Je suis membre d'un club. Je vais à la piscine trois soirs par semaine.

For answers see p. 29.

Test yourself

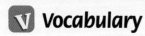

Vocabulary

1 School subjects

Unscramble the anagrams below to find the names of school subjects in French.

(a) sriheoti **(b)** hgogéraiep **(c)** sisnde **(d)** slagnai **(e)** çafranis **(f)** michei **(g)** yphquise
(h) sures **(i)** finitamouqer **(j)** giboolie

2 Places

Find the names of nine places to do with school and/or education.

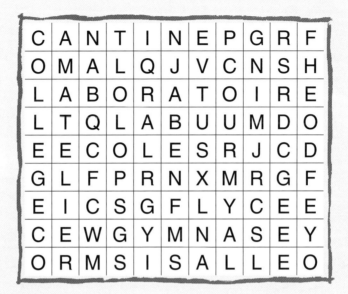

C	A	N	T	I	N	E	P	G	R	F
O	M	A	L	Q	J	V	C	N	S	H
L	A	B	O	R	A	T	O	I	R	E
L	T	Q	L	A	B	U	U	M	D	O
E	E	C	O	L	E	S	R	J	C	D
G	L	F	P	R	N	X	M	R	G	F
E	I	C	S	G	F	L	Y	C	E	E
C	E	W	G	Y	M	N	A	S	E	Y
O	R	M	S	I	S	A	L	L	E	O

For answers see p. 29.

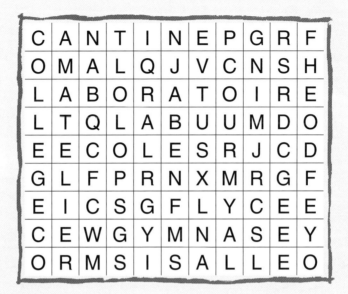 **Grammar**

1 Reflexive verbs

Choose the correct reflexive pronoun.

(a) Je _____ lève 7 heures.

(b) Il _____ lève à 8 heures.

(c) Nous _____ couchons à 10 heures.

(d) Elles _____ brossent les dents.

(e) Vous _____ resposez?

2 Quantifiers

Translate:

(a) I am very happy.

(b) He is so fat.

(c) I am walking quite slowly.

(d) They are running too fast.

(e) He is listening very attentively.

3 Reflexive verbs and time

Use reflexive verbs to say what these people are doing and at what time.

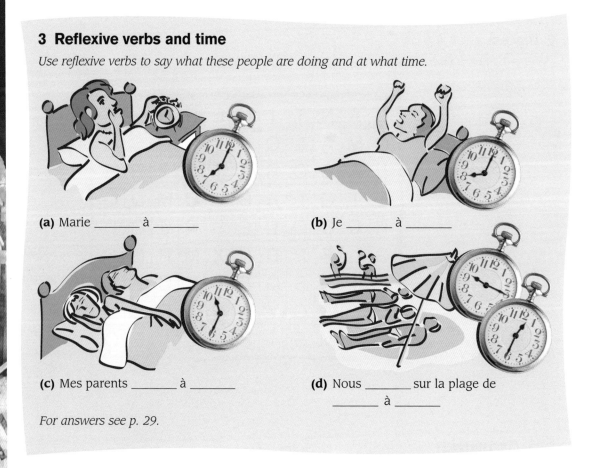

(a) Marie _____ à _____

(b) Je _____ à _____

(c) Mes parents _____ à _____

(d) Nous _____ sur la plage de _____ à _____

For answers see p. 29.

Exam question

Writing — foundation and higher tiers

Tu as reçu cette lettre.

> Salut!
>
> Merci de ta lettre. Tu peux me parler un peu de ton école?
>
> Quelle est ta matière préférée? A quelle heure commencent et finissent les cours chez toi? Es-tu membre d'un club?
>
> C'était comment ta surprise-party? Qu'est-ce que tu as fait?

Ecris une lettre (environ 70 mots) pour répondre aux questions de ton ami(e).

Family life

What you can revise in this section

 Vocabulary

- house and surroundings
- furniture and household equipment
- household tasks

 Grammar

- negatives
- expressions of time: depuis, pendant, pour
- demonstrative adjectives: ce, cette, cet, ces

Kinds of houses and locations

J'habite un petit appartement dans un immeuble à Lyon. Il y a un séjour, une chambre, une cuisine et une salle de bains. Comme c'est au centre de la ville ce n'est pas très calme.

L'année dernière nous avons déménagé. Notre nouvelle maison est située dans une banlieue de Toulouse. Elle n'est ni grande ni petite.

Pendant les mois d'été nous allons dans notre résidence secondaire dans le nord de la France. C'est une fermette qui a été entièrement rénovée. Comme nous avons un hectare de terrain et un double garage nous invitons souvent des amis à y passer quelques jours. C'est très calme et l'air est pur.

Notre maison se trouve dans une petite ville de la Basse-Normandie. Elle est assez grande et assez vieille. Il y a un rez-de-chaussée et deux étages. Il y a aussi une grande cave. Au premier étage il y a cinq chambres.

J'ai grande envie d'habiter dans un de ces manoirs normands qui se trouvent en Basse-Normandie.

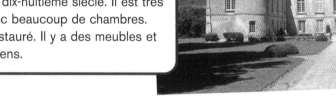

Mon oncle vient d'acheter un petit château au sud-ouest de la France. Il date du dix-huitième siècle. Il est très grand avec beaucoup de chambres. Il a été restauré. Il y a des meubles et tapis anciens.

V House and surroundings

agréable	pleasant
appartement (m)	flat, apartment
balcon (m)	balcony
banlieue (f)	suburb
bâtiment (m)	building
calme	quiet
cave (f)	cellar
chambre (f) d'amis	guest room
confortable	comfortable
déménager	to move house

endroit (m)	place
étage (m)	floor
grenier (m)	loft
immeuble (m)	apartment block
manoir (m)	country house
neuf/neuve	new (i.e. brand new)
rénover	to renovate
résidence (f) secondaire	second home
rez-de-chaussée (m)	ground floor
sous-sol (m)	basement
vue (f)	view

V Furniture and household equipment

appareil (m) électroménager	piece of electrical household equipment
armoire (f)	wardrobe
aspirateur (m)	vacuum cleaner
canapé (m)	sofa, settee
chaîne (f) stéréo	hi-fi
congélateur (m)	freezer
cuisinière (f) à gaz/ électrique	gas/electric cooker
douche (f)	shower
escalier (m)	stairs
étagère (f)	shelf
fauteuil (m)	armchair
four (m) (à micro- ondes) (m)	oven (microwave)
frigo (m)	fridge

lampe (f)	light
lave-vaisselle (m)	dishwasher
lit (m)	bed
machine (f) à laver	washing machine
magnétoscope (m)	video recorder
meuble (m)	piece of furniture
moquette (f)	wall-to-wall carpet
mur (m)	wall
pièce (f)	room
placard (m)	cupboard
poubelle (f)	dustbin
réfrigérateur (m)	refrigerator
rideau (m)	curtain
store (m)	folding blind
tableau (m)	picture
téléviseur (m)	television set
W-C (m)	toilet

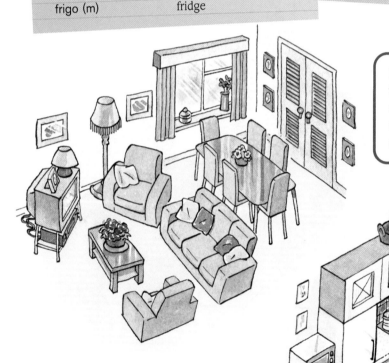

Dans la salle de séjour il y a une table et six chaises, un téléviseur et un magnétoscope, deux fauteuils et un canapé. Sur les murs il y a des tableaux.

Dans la cuisine il y a toutes sortes d'appareils électroménagers. Il y a une cuisinière électrique, un réfrigérateur, un lave-vaisselle, une machine à laver et un micro-ondes.

V Household tasks

faire la cuisine	to do the cooking
faire la poussière	to do the dusting
faire la vaisselle	to do the washing-up
faire le jardinage	to do the gardening
faire le lit	to make the bed
faire le repassage	to do the ironing
faire les courses	to do the shopping
laver les casseroles (f pl)	to clean the pans
mettre la table	to lay the table
passer l'aspirateur	to do the vacuum cleaning
ranger	to tidy
remplir/vider le lave-vaisselle	to load/empty the dishwasher

g Grammar

Negatives

When you make a verb negative, you use two parts. The first part is **ne** and is placed before the verb. The second part changes according to the sense and is placed after the verb in the present tense and after the auxiliary verb **avoir** or **être** in the perfect tense: e.g. Elle a (auxiliary verb) fait les courses (she has done the shopping); Elle n'a pas fait les courses (she has not done the shopping).

ne...pas ⟶ not

Papa ne fait pas le repassage.	Dad does not do the ironing.
Mon frère n'a pas rangé sa chambre.	My brother has not tidied his room.

ne...jamais ⟶ never

Il ne travaille jamais.	He never works.
Papa n'a jamais fait le repassage.	Dad has never done the ironing.

ne...plus ⟶ no more, no longer

Je ne fais plus les courses.	I no longer do the shopping.

ne ... rien ⟶ nothing

Il ne fait rien.	He does nothing.
Elle n'a rien fait.	She has done nothing.

ne...personne ⟶ no one, nobody, not...anyone

Je ne vois personne.	I can't see anyone.
Je n'ai vu personne.	I didn't see anyone.

Note that in the last example, in the perfect tense, the second part of the negative, **personne**, comes after the past participle **vu** and not after **ai**, the auxiliary.

Expressions of time: depuis, pendant, pour

Depuis, **pendant** and **pour** all translate as 'for' to describe a period of time in English.

Pendant is used for time during which something happened in the past.

J'ai habité cette maison pendant 2 ans.	I lived in that house for 2 years.

Depuis is used when the action is still going on.

J'habite cette maison depuis 2 ans.	I have been living in that house for 2 years.

Pour is used when the period of time is later on in the future.

J'habiterai cette maison pour 2 ans.	I'll live in that house for 2 years.

Demonstrative adjectives: ce, cette, cet, ces

ce, **cette**, **cet** ⟶ this, that
ces ⟶ these, those

Examples of use

ce placard (masc sing) ⟶ this/that cupboard
cette cuisine (fem sing) ⟶ this/that kitchen
ces placards/cuisines (masc/fem pl) ⟶ these/those cupboards/kitchens

Cet is used with masculine singular nouns which begin with a vowel or a silent 'h'.

cet appartement, cet hôtel

Try out your French

Marie-Louise	Tu habites une maison ou un appartement?
You	**(1)** Say you have been living in a flat for 10 years. **(2)** Your family is going to move soon. **(3)** Then you'll live in a house.
M-L	Où se trouve cette maison?
You	**(4)** Say it is in a village in the north of England.
M-L	Pourquoi est-ce que tu vas déménager?
You	**(5)** Say your father has a new job. **(6)** Your mother's parents live nearby.
M-L	Décris-moi ta nouvelle maison.
You	**(7)** Say it is an old house. **(8)** It is quite big. **(9)** There are two floors apart from the ground floor. **(10)** There are five bedrooms.
M-L	Il y a un grand jardin?
You	**(11)** Say that the garden is very big. **(12)** Ask M-L whether she lives in a house or a flat.
M-L	Nous habitons un assez grand appartement dans le centre-ville. Mais nous passons les grandes vacances chez mes grands-parents à la campagne.
You	**(13)** Ask what sort of house it is.
M-L	C'est une vieille ferme entièrement rénovée.
You	**(14)** Ask where it is.
M-L	Elle se trouve dans le Midi pas très loin d'Aix-en-Provence.
You	**(15)** Ask if it is quiet.
M-L	Oui, c'est très calme surtout après le bruit de la ville.

For answers see pp. 29–30.

Test yourself

V Vocabulary

1 Houses

Fill in the grid by answering the clues. The letters in the coloured vertical column make a verb describing the action of changing houses.

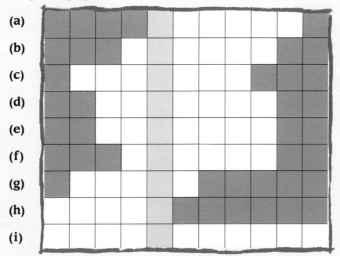

(a)
(b)
(c)
(d)
(e)
(f)
(g)
(h)
(i)

(a) It's normally found in the bathroom.

(b) You take it easy in this room.

(c) You sleep in this room.

(d) The space in the roof of some houses.

(e) To restore or renovate something.

(f) You may be able to step out on this from an upstairs room to view the scenery.

(g) An apartment block can have many of these.

(h) One of the first questions you might ask about a house you are thinking of moving into is how many of these there are.

(i) The name of a home in a block of flats.

2 Household equipment and furniture

Translate the following nouns with their articles, i.e. 'un', 'une', into French.

(a) a microwave oven

(b) a washing machine

(c) a curtain

(d) a vacuum cleaner

(e) a freezer

(f) a cupboard

(g) a television set

(h) an armchair

(i) a bed

(j) a dustbin

For answers see p. 30.

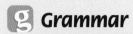 Grammar

1 Negatives

Translate the following sentences into English:

(a) Nous n'avons pas de télévision.

(b) Tu n'écoutes jamais la radio.

(c) Il n'a rien dit.

(d) Je ne vais plus au cinéma.

(e) Il n'y a personne dans la cuisine.

2 Expressions of time: depuis, pendant, pour

Use depuis, pendant *or* pour *to complete the following sentences.*

(a) J'habite Toulouse _____ 10 ans. (I'm still there)

(b) _____ 10 ans j'ai habité Toulouse. (I'm not there any longer)

(c) L'année prochaine j'irai à Toulouse _____ 3 semaines. (future time)

3 Demonstrative adjectives: ce, cette, cet, ces

Insert either ce, cette, cet *or* ces *(this, that, these, those) in front of the following nouns.*

(a) _____ appartement **(b)** _____ maison **(c)** _____ fauteuils **(d)** _____ lit

(e) _____ maisons **(f)** _____ micro-ondes

For answers see p. 30.

Exam question

Writing — foundation and higher tiers

Tu as reçu cette lettre.

Toulouse le 20 mai

Salut!

Merci de ta lettre. Quelle nouvelle! Tu as déménagé. Parle-moi de ça.

C'est comment la nouvelle maison? Il y a combien de pièces?
Décris-moi ta chambre. Et parle-moi un peu de la situation. C'est calme?

Ecris-moi bientôt.

Marie-Louise

Ecris une lettre (environ 70 mots) pour répondre aux questions de ton amie.

Answers for Topic 1

Try out your French pp. 10–11

1 J'ai une soeur et un frère.
2 Ma soeur a 17 ans et mon frère a 13 ans.
3 Ma soeur est grande et maigre. Mon frère est assez grand et il est très intelligent.
4 As-tu des frères et des soeurs?
5 Nous avons une grande réunion dans un hôtel à Noël.
6 Nous prenons un grand repas et nous offrons des cadeaux.

Test yourself pp. 11–12

Vocabulary

1 (a) jeune (b) amusant (c) vieux (d) content (e) court (f) maigre (g) triste (h) sérieux (i) petit (j) grand
2 (a) jumeaux (b) grand-père (c) cousine (d) oncle (e) enfant unique (f) belle-mère (g) beau-père (h) tante

Grammar

1 (a) sportive (b) grande, blonde (c) aînées, intelligentes (d) française, gentille (e) jeune, sérieuse (f) grande, verte (g) dynamique (h) français, drôles
2 (i) (a) mon (b) nos (c) Ton (d) leurs (e) Notre (f) Ma (g) votre (h) tes (i) Ma (j) Leur
2 (ii) (a) It's/he's my brother.
(b) They're our parents.
(c) Your brother is intelligent.
(d) Where are their parents?
(e) Our father is in France.
(f) My sister works in France.
(g) It's a good photo of your sister.
(h) How old are your grandparents?
(i) My mother is energetic.
(j) Their family is rich.

Try out your French p. 18

1 Je suis en 11e année, ta seconde.
2 Je fais la chimie et les sciences naturelles.

3 Tu fais quelles sciences?
4 Tu fais des langues?
5 Ma matière préférée est l'histoire. Et toi, tu aimes l'histoire?
6 Ils commencent à 9 heures. A quelle heure les cours commencent-ils chez toi?
7 Nous quittons l'école à 3 heures et demie.
8 Je fais beaucoup de devoirs: deux heures chaque soir.
9 Je m'intéresse au théâtre. Je fais du théâtre trois soirs par semaine.
10 Et toi, qu'est ce que tu fais après l'école?

Test yourself pp. 18–20

Vocabulary

1 (a) histoire (b) géographie (c) dessin (d) anglais (e) français (f) chimie (g) physique (h) russe (i) informatique (j) biologie
2 cantine, collège, atelier, laboratoire, école, cour, lycée, salle, gymnase

Grammar

1 (a) me (b) se (c) nous (d) se (e) vous
2 (a) Je suis trés content(e).
(b) Il est si gros.
(c) Je marche assez lentement.
(d) Ils/elles courent trop vite.
(e) Il écoute très attentivement.
3 (a) se rèveille, 7 heures
(b) me lève, 8 heures
(c) se couchent, 10 heures et demie
(d) nous reposons, 9 heures et quart, midi et demi

Try out your French p. 26

1 J'habite un appartement depuis 10 ans.
2 Ma famille va déménager bientôt.
3 Puis nous habiterons une maison.
4 Elle se trouve dans un village dans le nord de l'Angleterre.
5 Papa a un nouveau travail.

6 Les parents de ma mère habitent tout près.

7 C'est une vieille maison.

8 Elle est assez grande.

9 A part le rez-de-chaussée il y a deux étages.

10 Il y a cinq chambres.

11 Le jardin est très grand.

12 Tu habites une maison ou un appartement?

13 C'est quel type de maison?

14 Où est-elle située?

15 C'est calme?

Test yourself pp. 27–28

Vocabulary

1 (a) douche **(b)** séjour **(c)** chambre

(d) grenier **(e)** rénover **(f)** balcon **(g)** étage

(h) pièce **(i)** appartement

Verb = déménager

2 (a) un micro-ondes **(b)** un lave-vaisselle **(c)** un rideau **(d)** un aspirateur **(e)** un congélateur **(f)** un placard **(g)** un téléviseur **(h)** un fauteuil **(i)** un lit **(j)** une poubelle

Grammar

1 (a) We do not have a television.

(b) You never listen to the radio.

(c) He said nothing.

(d) I don't go to the cinema any more.

(e) There's nobody in the kitchen.

2 (a) depuis **(b)** Pendant **(c)** pour

3 (a) cet **(b)** cette **(c)** ces **(d)** ce **(e)** ces **(f)** ce

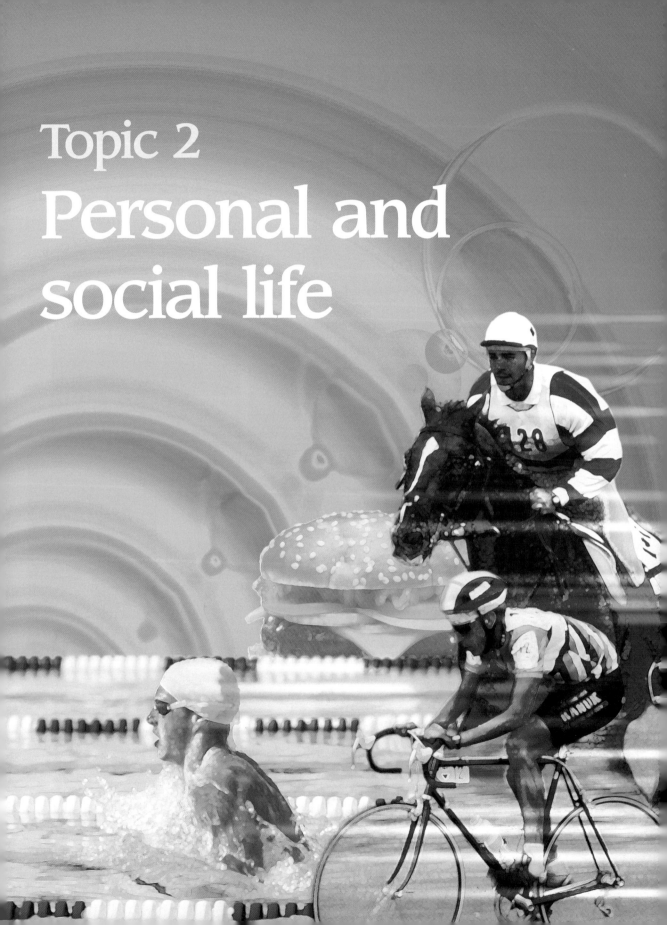

Topic 2
Personal and social life

Holiday activities

What you can revise in this section

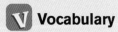 Vocabulary

- holiday activities
- places for holiday activities
- other vocabulary relating to holidays

 Grammar

- perfect and imperfect tenses

Ⓥ Holiday activities

on danse	we dance
on fait de la gymnastique	we do gymnastics
on fait de la pêche	we go fishing
on fait de l'alpinisme (m)	we go climbing
on fait de l'équitation (f)	we go horse-riding
on fait des promenades	we go for walks
on fait du canotage	we go boating
on fait du cyclisme	we cycle
on fait du pédalo	we go for rides on a pedalo
on fait du ski nautique	we go water-skiing
on joue au basket	we play basketball
on joue au tennis	we play tennis
on nage	we swim

acheter	to buy
aller	to go
amuser, s'	to have fun
baigner, se	to bathe
bronzer, se	to tan
danser	to dance
détendre, se	to relax
écouter	to listen
faire de la planche à roulettes	to go skateboarding
faire de la voile	to go sailing
faire du camping	to go camping, to camp
faire du cheval	to go horse-riding
faire du ski	to go skiing
faire une excursion	to go on a trip
faire une randonnée	to go hiking
jouer	to play
jouer aux boules	to play bowls
lire	to read
louer	to hire, to rent
nager	to swim
patiner	to skate
préférer	to prefer
prendre des photos (f)	to take photos
regarder	to look, to watch
visiter	to visit
voyager	to travel

Ⓥ Places for holiday activities

à la campagne	in the country
à la montagne	in the mountains
à l'étranger	abroad
auberge (f) de jeunesse (f)	youth hostel
au bord (m) de la mer	at the seaside
boîte (f) de nuit	night club
camping (m)	camping site
centre (m) de vacances (f pl)	holiday centre
cinéma (m)	cinema
cirque (m)	circus
en plein air (m)	in the open air
fête (f) foraine	fair
gîte (f)	self-catering flat or cottage
patinoire (f)	skating rink
piste (f)	track, piste (skiing)
terrain (m) de foot (m)	football pitch
théâtre (m)	theatre

Ⓥ Other vocabulary relating to holidays

année (f)	year
appareil (m)	camera
cadeau (m)	present
caméscope (m)	video camera
équitation (f)	horse-riding
fête (f)	festivity
jeu vidéo (m)	video game
lecture (f)	reading
loisir (m)	leisure
maillot de bain (m)	swimming costume
pellicule (f)	film
photographie (f)	photography
roman (m)	novel
slip (m) de bain	swimming trunks
son (m) et lumière (f)	sound-and-light show
souvenir (m)	souvenir, memory
spectacle (m)	show
sports (m pl)	winter sports
vacances (f pl)	holidays
voyage (m)	journey

g Grammar

Perfect and imperfect tenses

The **perfect tense** is the tense you use when you want to tell someone what happened last year, yesterday, last night and so on.

Hier soir j'ai fait mes devoirs et j'ai regardé la télévision.
Last night I did my homework and I watched television.

The **imperfect tense** is the tense you use when you want to tell someone what was happening (and continuing to happen) in the past.

Que faisait Kevin? Il lisait.   What was Kevin doing? He was reading.

You also use the imperfect tense to tell someone what used to happen on a regular basis.

Chaque jour je faisais de longues
promenades en vélo.
Every day I used to go on long
bicycle rides.

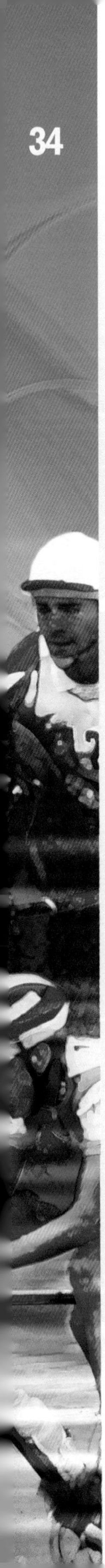

Paris

BOURGOGNE

Orléans

Poitiers

Annecy

Chamonix

Bordeaux

Cannes

Pyrénées

L'année dernière mon frère et moi sommes allés à Cannes où nous avons fait de la voile et du ski nautique.

Last year my brother and I went to Cannes where we did sailing and water-skiing.

Janvier dernier mes parents sont allés à Chamonix où ils ont fait du ski.

Last January my parents went to Chamonix where they went skiing.

At Easter I went to the Pyrenees with a school party. We went on some good trips.

A Pâques je suis allée dans les Pyrénées avec un groupe scolaire. Nous y avons fait de belles randonnées.

– Où as-tu passé les vacances cet été?
– Je suis allée en Bretagne avec mes parents.
– Qu'est-ce que tu y as fait?
– J'ai fait des bains de mer, je me suis bronzée.
– C'est tout?
– Non. Un jour nous sommes allés à Carnac où nous avons vu les Alignements.

– Where did you spend the summer holidays this year?
– I went to Britanny with my parents.
– What did you do there?
– I swam in the sea and sunbathed.
– Is that all?
– No. One day we went to Carnac where we saw the Alignements.

– Où êtes-vous allés à Noël?
– Nous sommes allés à Bordeaux où nous sommes restés chez nos grands-parents.

– Where did you go at Christmas?
– We went to Bordeaux where we stayed with our grandparents.

Le weekend dernier je suis allée à Paris pour la première fois de ma vie. Je suis restée chez ma tante. Nous avons visité ensemble tous les monuments importants.

Last weekend I went to Paris for the first time in my life. I stayed with my aunt. Together we visited all the most important sites.

Cette année j'ai passé les vacances d'été chez mes cousins à Poitiers. Nous avons fait beaucoup d'excursions. Un jour nous avons visité Futuroscope.

This year I spent the summer holidays with my cousins in Poitiers. We went on a lot of trips. One day we visited Futuroscope.

En été mes parents et moi sòmmes allés dans le Val de Loire. Nous avons passé huit jours dans un hôtel à Orléans. Nous avons visité les châteaux de la Loire.

In the summer my parents and I went to the Loire Valley. We spent a week in a hotel in Orléans. We visited the castles of the Loire.

Un copain et moi nous avons passé tout le mois d'août au lac d'Annecy où nous avons fait du camping. Nous avons fait de grandes randonnées et nous avons fait de l'équitation.

A friend and I spent the whole month of August by the lake at Annecy. We went on some long hikes and did some horse-riding.

Mes parents ont loué un gîte en Bourgogne pour le mois de juillet. J'y suis allée pour les derniers quinze jours du mois. Chaque jour nous nous levions de bonne heure. Quand il faisait beau nous prenions le petit déjeuner dehors. Le matin nous allions à la petite ville voisine. Là nous faisions les courses et le jour de marché nous achetions des produits locaux. L'après-midi nous faisions des excursions. Quelquefois le soir nous dînions dans un petit restaurant excellent au village.

My parents rented a cottage in Burgundy for the month of July. I went there for the last fortnight of the month. Every day we got up early. When the weather was fine we had our breakfast outside. In the morning we used to go to the small neighbouring town. There we did the shopping and on market day we bought local produce. In the afternoon we went on trips. Sometimes in the evening we used to dine in an excellent little restaurant in the village.

Try out your French

Marie-Louise Où as-tu passé les vacances d'été?

You **(1)** Say you went to France.

M-L Où es-tu allé(e) en France?

You **(2)** Say you went to Britanny with your parents and brother.

M-L Où êtes-vous restés?

You **(3)** Say you rented a gîte near the sea.

M-L Que faisais-tu chaque jour?

You **(4)** Say that every morning you and your family went to the beach.
(5) There you played boules on the beach and bathed in the sea.

M-L Que faisiez-vous l'après-midi?

You **(6)** Say you went on trips. **(7)** You visited castles and churches.
(8) Ask M-L what she and her family did during the summer holidays.

M-L Nous avons passé les vacances d'été dans notre résidence secondaire en Auvergne.

For answers see p. 46.

Test yourself

Ⓥ Vocabulary

1 Nouns

Supply the missing word.

(i) Où aimes-tu passer les vacances?

(a) A la _____

(b) A la _____

(c) A la _____

(ii) Qu'aimes-tu faire en vacances?

(a) De l' _____

(b) De la _____

(c) Du _____

(d) Des _____

(e) De la _____

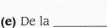

2 Verbs

Unscramble the anagrams in brackets to give the infinite of a verb.

Pendant mes loisirs j'aime

(a) (REIL) un roman.

(b) (RADENS) à une boîte de nuit.

(c) (COUERET) ma baladeuse.

(d) (REDPREN) des photos.

(e) me (ZOBRENR) sur la plage.

(f) (ROUJE) au tennis.

For answers see p. 46.

g Grammar

1 Perfect tense

(i) Reorder these groups of words to form correct sentences. The first word in each group is the first word of the sentence.

(a) Nous les passé avons à vacances mer la

(b) Nous à sommes l'étranger allés dernière l'année

(c) Elles en Bretagne en allées sont été

(ii) Select the correct past participle.

(a) Elle est *(allé/allée/allés)* en France.

(b) Marie et son frère Pierre sont *(allé/allées/allés)* à la plage.

(c) Mes parents se sont *(couchés/couchées/couchée)* très tard.

(d) Nous avons *(mangé/mangés/mangées)* au restaurant.

(e) Maman a *(achetés/acheté/achetée)* des souvenirs.

2 Imperfect tense

Select the correct ending.

Quand je suis rentré

(a) papa *(lisais/lisait/lisaient)* le journal.

(b) maman *(réparait/réparais/réparions)* l'aspirateur.

(c) Alice et Jean-Paul se *(disputais/disputaient/disputait)*.

(d) toi, Alain, tu *(écoutais/écoutait/écoutions)* la radio.

(e) et moi, j'*(écoutais/écoutait/écoutiez)* ma baladeuse.

For answers see p. 46.

Exam question

Reading comprehension — higher tier

St-Pardoux

L'eau, le soleil, la nature, voici le décor du lac de St-Pardoux.

Sur 330 hectares d'eau, profitez des multiples activités qui s'offrent à vous: la voile, le canotage, le ski nautique, la pêche: à moins que vous ne préfériez tout simplement vous baigner et vous bronzer sur l'une des trois plages aménagées et surveillées.

Le lac de St-Pardoux, c'est la forêt alentour. Allez à la découverte et choisissez librement le cheval, le VTT ou la marche pour emprunter les nombreux sentiers balisés qui l'entourent.

Pour y séjourner? Faites votre choix entre les campings, les huttes et les gîtes familiaux ou de groupes.

Le riche patrimoine du Pays de Saint-Pardoux permet de présenter des activités de loisir et nautisme en particulier.

Pour les pêcheurs, l'eau vive de nos rivières, l'eau calme du lac et de nombreux étangs cachés à travers le Pays touristique.

Pour les amoureux de canoë-kayak, la Gartempe vous offre son parcours aménagé sur 30 km.

Cochez les cinq bonnes phrases.

Exemple: Dans cette publicité il s'agit d'un centre touristique en France.	✔
(i) Les plages du lac ne sont pas surveillées.	
(ii) Il y a des arbres près du lac.	
(iii) Il est interdit de faire de l'équitation près du lac.	
(iv) On y offre plusieurs types d'hébergement.	
(v) Le pays de Saint-Pardoux offre spécialement des activités nautiques.	
(vi) Tout le parcours de la Gartempe a été aménagé pour les amateurs du canoë-kayak.	
(vii) Il est interdit de se bronzer sur les plages du lac.	
(viii) Au Pays de Saint-Pardoux il y a beaucoup de possibilités pour les pêcheurs.	

Health and fitness

What you can revise in this section

V Vocabulary
- parts of the body
- illnesses and accidents
- health and fitness

g Grammar
- impersonal verbs
- adverbs

Docteur:
Où as-tu/avez-vous mal?

J'ai mal au ventre

J'ai mal à la tête

J'ai mal aux dents

J'ai mal au bras

J'ai mal à la jambe

J'ai mal au dos

J'ai mal à l'oreille

J'ai de la fièvre

J'ai mal à la main

Je suis enrhumé

J'ai été piqué par une guêpe

Le médecin examine le patient

Le docteur écrit une ordonnance

Le patient va à la pharmacie

La pharmacienne prépare le médicament

Le patient prend le médicament

V Illnesses and accidents

aider	to help
aller mieux	to be better
assez	quite
au secours!	help!
avoir mal	to be hurting
bouger	to move
crise (f) cardiaque	heart attack
cru	raw
dormir	to sleep
état (m)	state
être enrhumé	to have a cold
faim (f)	hunger
fatigué	tired
froid	cold
ici	here
insolation (f)	sunstroke
ivre	drunk
là	there
lever	to raise
malade	ill
rhume (m)	cold (noun)
se coucher	to go to bed/lie down
(se) faire mal	to hurt (oneself)
se sentir	to feel
soif (f)	thirst
tomber	to fall

V Parts of the body

bras (m)	arm
coeur (m)	heart
cou (m)	neck
cuisse (f)	thigh
dent (f)	tooth
doigt (m)	finger
dos (m)	back
estomac (m)	stomach
genou (m)	knee
gorge (f)	throat
jambe (f)	leg
main (f)	hand
nez (m)	nose
oeil/yeux (m)	eye/eyes
oreille (f)	ear
os (m)	bone
peau (f)	skin
pied (m)	foot
poumon (m)	lung
tête (f)	head
ventre (m)	abdomen

V Health and fitness

aérobic (m)	aerobics
ajouter	to add
aliment (m)	foodstuff
club (m) de gym	fitness club
congeler	to freeze
eau (f)	water
éviter	to avoid
exercice (m)	exercise
laitier (adjective)	dairy
matières (f pl) grasses	fatty substances
médicament (m)	medicine
ordonnance (f)	prescription
pharmacie (f)	chemist's, drugstore
produit (m)	product
régime (m)	diet
salle (f) de gym	gym
végétarien (m), végétarienne (f)	vegetarian
viande (f)	meat

Qu'est-ce qu'il faut faire pour garder la bonne santé?

- Il faut prendre régulièrement des exercices physiques: courir, marcher, faire de l'aérobic, faire du cyclisme, faire des autres sports.
- Il faut manger sainement: les fruits et les légumes. Buvez beaucoup d'eau douce.
- Qu'est-ce qu'il faut éviter? Trop de matières grasses, par exemple les hamburgers et les pommes frites.

g Grammar

Impersonal verbs

The impersonal verbs are **il faut**, **il y a**, **il reste**, **il manque**. They are known as impersonal because the subject of the verb, **il**, does not refer to a person. Here **il** is equivalent to 'it'.

The literal meanings of these verbs are:

il faut	it is necessary
il y a	there is/there are
il reste	it remains
il manque	it lacks/it is missing

Examples

Il faut faire des exercices régulièrement.   You should exercise regularly.
(It is necessary to exercise regularly.)

Il y a une pharmacie au bout de la rue.   There is a chemist's at the end of the street.

– Combien d'argent vous reste-t-il?   – How much money do you have left?
– Il me reste 10 francs.   – I have 10 francs left.

– Qu'est-ce qui te manque?   – What haven't you got? (What are you lacking?)
– Il me manque un appareil.   – I haven't got a camera.

Adverbs

These are words which modify a verb to show you how an action is performed. In English they generally end with '-ly', e.g. 'slowly'. Usually in French the adverb is formed by adding '-ment' to the feminine form of the adjective:

lent > lente > lentement
Il marchait lentement.   He was walking slowly.

Note the formation from adjectives ending in '-ant' or '-ent':

constant > constamment   constantly
prudent > prudemment   wisely

Note these very commonly used adverbs:

bien	well		mieux	better
mal	badly		vite	quickly, fast

– Comment ça va?
– Ça va mal/mieux/bien.

Il parle bien le français.   He speaks French well.
Il le parle mieux que moi.   He speaks it better than I do.
Je parle mal le français.   I speak French badly.

Chez le médecin

Patient	J'ai mal.	Patient	There's something wrong with me/I'm not feeling well.
Médecin	Où avez-vous mal?	Doctor	What's troubling you?
P	J'ai mal au ventre.	P	I have a stomach ache.
M	Qu'est-ce que vous avez mangé hier soir?	D	What did you eat last night?
P	Du poisson et des pommes frites.	P	Fish and chips.
M	C'est tout?	D	Is that all?
P	Non. J'ai mangé aussi du fromage.	P	I also ate some cheese.
M	Avez-vous de la fièvre?	D	Do you have a temperature?
P	Non, je ne pense pas.	P	I don't think so.
M	Fais voir. Je vais vous écrire une ordonnance. Il faut la prendre à la pharmacie.	D	Let me see. I am going to write you out a prescription. You must take it to the chemist's.
P	Merci bien, docteur.	P	Thank you very much, doctor.

Try out your French

Marie-Louise	Est-ce que tu es en bonne forme physique?
You	**(1)** Say you think so.
M-L	Et ta santé est bonne?
You	**(2)** Say yes. **(3)** You do a lot of sport.
M-L	Qu'est-ce que tu fais comme sport?
You	**(4)** You go swimming three times a week. **(5)** You play tennis in the summer.
M-L	Tu fais des exercices chaque jour?
You	**(6)** Not every day. **(7)** Ask M-L if she does exercises every day.
M-L	Oui, je fais cinq minutes d'exercices aussitôt que je me lève. Pour garder la bonne santé je mange beaucoup de fruits et de légumes. J'évite les matières grasses et je bois beaucoup d'eau naturelle. Ton régime est sain?
You	**(8)** Say that you too eat a lot of fruit and vegetables. **(9)** Say you are a vegetarian. **(10)** Ask M-L if she eats meat.
M-L	Oui, je mange de la viande mais pas souvent.

For answers see p. 46.

For answers see p. 46.

Test yourself

Ⓥ Vocabulary

(i) Unscramble the anagrams in brackets to find the parts of the body.

J'ai mal:
(a) à la (ETET) **(b)** au (OCU) **(c)** au (VETREN) **(d)** aux (XEUY) **(e)** à la (AMJEB) **(f)** au (DIEP)
(g) à l'(EOILERL) **(h)** à la (GEORG) **(i)** à la (NAIM) **(j)** au (EGONU)

(ii) Complete the sentences to give some advice about keeping fit.

(a) Il faut faire du

_____

(b) Il faut _____

(c) Il faut éviter

_____

(d) Il faut manger
beaucoup de

_____

For answers see p. 46.

For answers see p. 46.

g Grammar

1 Adverbs

Choose a suitable adverb from the box.

(a) Comment ça va?

Ça va _____

(b) Comment ça va?

Ça va _____

(c) Je marche _____

(d) Elle marche

_____

attentivement

vite

lentement

mal

bien

(e) Nous écoutons _____

2 Impersonal verbs

Translate these sentences into English.

(a) Pour se tenir en bonne forme physique il faut faire régulièrement des exercices physiques.

(b) Est-ce qu'il te reste du chocolat? Non, mais il me reste beaucoup de bonbons.

(c) Il pleut et il me manque un parapluie.

For answers see p. 46.

Exam question

Reading comprehension — higher to foundation tier

Lisez cet extrait d'un magazine français. Pour finir les phrases, choisissez parmi les expressions (a) à (i). Puis écrivez la bonne lettre.

Faites cinq minutes de gym au saut du lit.

La méthode est utilisée par les personnes pressées. Il faut faire au réveil cinq minutes d'exercice, simples mais rapides, exécutés sur un temps d'aérobic et au son d'une musique stimulante. Choisissez un seul exercice mais répétez-le 50 fois. Faites vos exercices avant de manger quand votre estomac est vide. C'est la seule circonstance où l'activité physique peut faire directement maigrir.

(i) On parle ici _____
(ii) Cette méthode est utilisée _____
(iii) Aussitôt qu'on se réveille _____
(iv) Il ne faut faire _____
(v) La musique _____
(vi) Faites vos exercices _____
(vii) Si on adopte cette méthode _____

(a) on devrait faire cinq minutes d'exercices.
(b) vous aidera à faire votre exercice.
(c) avant de prendre une douche.
(d) qu'un seul exercice.
(e) d'une méthode d'exercice.
(f) on peut perdre du poids.
(g) par les personnes affairées.
(h) avant de manger.
(i) par les pesonnes paresseuses.

Example

(i) (e)   **(ii)** _____   **(iii)** _____   **(iv)** _____   **(v)** _____   **(vi)** _____   **(vii)** _____

Answers for Topic 2

Try out your French p. 37

1 Je suis allé(e) en France.
2 Je suis allé(e) en Bretagne avec mes parents et mon frére.
3 Nous avons loué un gîte près de la plage.
4 Chaque matin ma famille et moi allions à la plage.
5 Là nous jouions aux boules et nous nous baignions dans la mer.
6 Nous faisions des excursions.
7 Nous visitions des châteaux et des églises.
8 Ta famille et toi, qu'avez-vous fait pendant les vacances d'été?

Test yourself pp. 37–38

Vocabulary

1 (i) **(a)** montagne **(b)** mer **(c)** campagne
   (ii) **(a)** équitation **(b)** voile **(c)** cyclisme
      (d) randonnées **(e)** planche à voile
2 (a) lire **(b)** danser **(c)** écouter **(d)** prendre
   (e) bronzer **(f)** jouer

Grammar

1 (i) **(a)** Nous avons passé les vacances à la mer.
      (b) Nous sommes allés à l'étranger l'année dernière.
      (c) Elles sont allées en Bretagne en été.
   (ii) **(a)** allée **(b)** allés **(c)** couchés
      (d) mangé **(e)** acheté

2 (a) lisait **(b)** réparait **(c)** disputaient
   (d) écoutais **(e)** écoutais

Try out your French p. 44

1 Oui, je le pense.
2 Oui.
3 Je fais beaucoup de sport.
4 Je nage trois fois par semaine.
5 En été je fais du tennis.
6 Pas tous les jours.
7 Tu fais des exercices tous les jours?
8 Moi aussi, je mange beaucoup de fruits et de légumes.
9 Je suis végétarien(ne).
10 Tu manges de la viande?

Test yourself pp. 44–45

Vocabulary

(i) **(a)** tête **(b)** cou **(c)** ventre **(d)** yeux
   (e) jambe **(f)** pied **(g)** oreille **(h)** gorge
   (i) main **(j)** genou
(ii) **(a)** cyclisme **(b)** courir **(c)** les matières grasses **(d)** légumes

Grammar

1 (a) bien **(b)** mal **(c)** vite **(d)** lentement
   (e) attentivement
2 (a) To keep in good physical shape you should do exercises regularly.
   (b) Do you have any more chocolate? No, but I have a lot of sweets left.
   (c) It's raining and I haven't got an umbrella.

Topic 3
Training and employment

Work and the workplace

What you can revise in this section

 Vocabulary

- finding a job
- places of work
- getting to and from work
- at work

 Grammar

- use of the perfect, imperfect and pluperfect tenses

Cathy lave les cheveux des clientes chez un coiffeur

Michael travaille à la caisse dans un petit supermarché

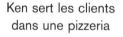

Ken sert les clients dans une pizzeria

Carole lave les voitures dans un garage

Paul fait le ménage chez ses voisins

Marie vend des articles de sport dans un magasin de sports

James distribue les journaux

Le samedi de Michael

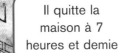

Il quitte la maison à 7 heures et demie

Il prend le bus pour aller au travail

Il arrive au supermarché à 8 heures

Il commence son travail à la caisse à 8 heures et quart

Il prend son déjeuner à midi. Il mange des sandwichs et boit de l'eau minérale

Puis il travaille de midi et demi à 4 heures

Que dit Michael?

Le samedi j'ai un petit boulot à un supermarché pas loin de chez moi. Je travaille à la caisse. C'est un peu ennuyeux mais pas trop. Quelquefois j'ai des clients difficiles surtout quand on fait la queue à la caisse. C'est assez bien payé. Je gagne 4 livres à l'heure. La patronne est assez gentille et les autres employés sont sympathiques.

Finding a job

à mi-temps	half time
à temps partiel	part time
bac (m)	French school-leaving exam (= A-level)
boulot (m)	job
chercher	to look for
chômage (m)	unemployment
curriculum vitae (m), C.V.	CV
embaucher	to take on, to employ
emploi (m)	work, employment
faire un stage	to go on a course, to do work experience
journal (m)	newspaper
petites annonces (f)	small ads
téléphoner	to phone
trouver	to find

Places of work

bibliothèque (f)	library
bureau (m)	office
garage (m)	garage
librairie (f)	book shop
magasin (m)	shop
pizzeria (f)	pizzeria
restaurant (m)	restaurant
salon (m) de coiffure	hairdresser's
supermarché (m)	supermarket

Getting to and from work

aller	to go
arriver	to arrive
bus (m)	bus
quitter	to leave
train (m)	train
vélo (m)	bicycle
voiture (f)	car

At work

aider	to help
à l'heure (f)	on time (also, every/per hour)
bien/mal payé	well/badly paid
caisse (f)	cash desk
camion (m)	lorry
congé (m)	holiday (from work)
difficile	difficult
distribuer	to deliver
dur	hard
ennuyeux	boring
employé (m), employée (f)	employee
employeur	employer
facile	easy
faire le ménage	to do housework
gagner	to earn
laver	to wash
livre (f) sterling	pound sterling
métier (m)	trade/profession
nettoyer	to clean
patron (m), patronne (f)	boss
payer	to pay
pourboire (m)	tip
salaire (m)	wage, salary
semaine (f)	week
servir	to serve
SMIC (salaire minimum inter-professionnel de croissance)	minimum wage
stage (m)	course/work experience
travailler	to work
vacances (f pl)	holidays
vendre	to sell

 Grammar

Use of the perfect, imperfect and pluperfect tenses

Use the **perfect tense** when you want to say what you did or have done.

Au déjeuner **j'ai mangé** du poisson.	At lunch I ate some fish.
Ce matin **j'ai lu** le livre.	This morning I have read the whole book.

Use the **imperfect tense** when you say what you were doing or what you used to do.

Qu'est-ce que **tu faisais** quand je suis arrivé?	What were you doing when I arrived?
Je **lisais**.	I was reading.
Quand **j'étais** en vacances **je me levais** chaque matin à 8 heures.	When I was on holiday I used to get up every morning at 8 o'clock.

Use the **pluperfect tense** when you want to say what someone *had* done.

Quand je suis rentré papa **était parti**.	When I came home dad had left.
Maman m'a dit que Paul **était parti**.	Mum told me that Paul had left.
Dès qu'il **avait fini** de manger, il est parti.	As soon as he had finished eating, he left.

For the formation of these and other tenses, see pp. 116–18.

Have you ever done work experience either in your own country or in a French-speaking country? Here's John's short account of his experience in Calais. It could serve as a starting-point for an oral presentation as well as showing you how the three tenses are used.

L'année dernière je suis allé à Calais avec un groupe scolaire. Nous avons habité chez nos correspondants. Pendant cinq jours j'ai fait un stage dans le garage du père de mon correspondant. C'était très intéressant. Chaque matin j'arrivais au garage à 8 heures. J'observais les mécaniciens et quelquefois je les aidais. A midi je rentrais déjeuner chez mon correspondant. L'après-midi je retournais au garage. Vers la fin du stage je lavais les voitures. Quand mon stage a été fini, j'ai fait un rapport écrit. J'ai écrit que j'avais bien profité de mon expérience. J'ai écrit aussi que mes hôtes français m'avaient bien accueilli.

Last year I went to Calais with a school party. We stayed at our penfriends' houses. For 5 days I did work experience in my penfriend's father's garage. It was very interesting. Every morning I used to arrive at the garage at 8 o'clock. I used to watch the mechanics and sometimes I helped them. I used to return to my penfriend's house for lunch at 12. I returned to the garage in the afternoon. Near the end of the work experience I washed cars. When I had finished my work experience I did a written report. I wrote that I had really benefited from my experience. I also wrote that my French hosts had been very hospitable.

Try out your French

Marie-Louise Pour gagner de l'argent de poche je fais du baby-sitting chez des amis. Est-ce que tu as un job?

You **(1)** Say you work in a small restaurant on Saturdays.

M-L Qu'est-ce que tu fais comme travail?

You **(2)** Say you take orders and serve. **(3)** Say you sometimes do the washing-up.

M-L Le restaurant est loin de chez toi?

You **(4)** Say it's not very far. **(5)** Say you go there by bus and generally your mother picks you up in the car after work. **(6)** Ask M-L if she likes to baby-sit.

M-L La plupart du temps les enfants sont gentils. Mais quelquefois ils sont méchants. Tu aimes ton travail?

You **(7)** Say you don't like washing up but you like to take the orders and serve.

M-L Est-ce que tu gagnes beaucoup?

You **(8)** Say it's not well paid but there are tips.

For answers see p. 61.

Test yourself

V Vocabulary

1 Places of work

Unscramble each group of letters to discover ten places of work. Now fit them across the grid. If you read down the shaded squares you'll find another place of work.

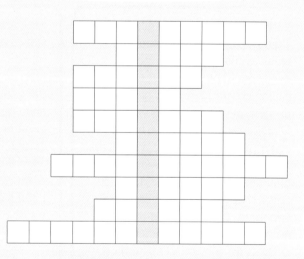

(a) ILE BIR AIR

(b) ME FER

(c) SI ON MA

(d) PO EST

(e) GAIN MAS

(f) EU BARU

(g) PECHE SUR MAR

(h) RA GAGE

(i) QUE BAN

(j) QUOI BIBLE THE

2 Jobs

What job does each sentence describe?

(a) Elle lave et coupe les cheveux des clients.

(b) Il sert les clients dans un restaurant.

(c) Il répare les voitures.

(d) Il/elle garde les enfants.

(e) Elle vend les articles dans un magasin.

(f) Il travaille à la caisse d'un supermarché.

For answers see p. 62.

g Grammar

1 Past participles

Complete the sentences John used when writing to his French penfriend by choosing the correct past participle in the box.

Important hôtel de chaîne recherche réceptioniste, serveur, plongeur. Bonne présentation, disponibilité, anglais. Téléphone 94.02.33.61

(a) J'ai _____ un travail dans les petites annonces.

(b) J'ai _____ un travail dans un hôtel.

(c) J'ai _____ à l'hôtel.

(d) Le premier jour je suis _____ à 8 heures du matin.

(e) J'ai _____ les lits.

(f) J'ai _____ les chambres.

(g) J'ai _____ la plonge.

quitté
téléphoné
cherché
fait
fait
trouvé
porté
mangé
arrivé
nettoyé

(h) J'ai _____ les bagages des clients.

(i) J'ai _____ dans la cuisine.

(j) J'ai _____ l'hôtel à 9 heures du soir.

2 The pluperfect

Write the pluperfect of the infinitives in brackets and translate the completed sentences.

(a) Après qu'il (FAIRE) ses devoirs il a regardé la télévision.

(b) Quand il (DESCENDRE) de la voiture il a marché vers le pont.

(c) Aussitôt qu'elle (RENTRER) elle a parlé de sa journée.

(d) Après que j' (PRENDRE) ma douche j'ai pris une tasse de café.

For answers see p. 62.

Exam question

Listening — higher tier

Listen to the conversation and answer the questions in English. Some friends are discussing holiday work.

Transcript

> – Qu'est-ce que tu as fait, toi, Anne-Marie, comme travail cet été?
> – Alors, moi, je n'ai pas fait de travail payé. J'ai été volontaire avec l'Association Solidarités Jeunesse.
> – Ça, c'est très bien. C'était en France?
> – Oui, c'était à Vaunières dans les Alpes en Provence.
> – Alors qu'est-ce que tu as fait?
> – Nous étions un groupe de volontaires de partout en Europe. Il y avait des Français, bien sûr, des Anglais, des Allemands et des Italiens. Vaunières avait

été un village abandonné qui avait été rénové. Il est devenu un lieu de rencontres et d'échanges interculturels. Notre projet était de créer et d'interpréter une pièce de théâtre.

– Vous l'avez fait tous seuls?
– Non. C'était fait avec l'appui d'un metteur en scène professionnel.
– J'espère que tu t'es amusée.
– Oui, beaucoup et je me suis fait beaucoup d'amis. Mais on a travaillé dur, de 9 heures à midi, puis de 2 heures à 6 heures de l'après-midi.

(a) Explain why Anne-Marie was not paid.

(b) Where in France did Anne-Marie go?

(c) Give two of the nationalities of people in Anne-Marie's group.

(d) What had been the state of Vaunières before the process of renovation?

(e) Describe Anne-Marie's group's project.

(f) How long had Anne-Marie's group worked each day?

Careers and future plans

What you can revise in this section

V Vocabulary

- jobs and professions
- qualities required for different jobs
- future plans

g Grammar

- future tenses
- modal verbs used with the infinitive: devoir, vouloir, pouvoir
- present participle

Mon cousin est infirmier. Il est calme et compatissant. Il soigne les malades. Il assiste à la salle d'opération.

V Jobs and professions

acteur (m), actrice (f)	actor
agent (m) de police	police officer
agriculteur (m), agricultrice (f)	farmer
avocat (m), avocate (f)	lawyer
baby-sitter (m/f)	baby-sitter
caissier (m), caissière (f)	cashier
chirurgien (m), chirurgienne (f)	surgeon
coiffeur (m), coiffeuse (f)	hairdresser
comptable (m/f)	accountant
dentiste (m/f)	dentist
hôtesse (f) de l'air	air hostess
infirmier (m), infirmière (f)	nurse
ingénieur (m), femme ingénieur (f)	engineer
instituteur (m), institutrice (f)	primary school teacher
journaliste (m/f)	journalist
mécanicien (m)	mechanic
pilote (m/f)	pilot
plongeur (m), plongeuse (f)	person who washes up in restaurant
porteur (m)	porter
serveur(m), serveuse (f)	waiter/waitress
stagiaire (m/f)	person doing course/ work experience
vedette (f) de cinéma	film star
vendeur(m), vendeuse (f)	sales assistant
vétérinaire (véto) (m/f)	veterinarian (vet)

> Mon copain est professeur.
> Il est ferme et patient. Il fait les cours. Il corrige les copies.

V Qualities required for different jobs

Adjectives are in brackets.

calme (m) (calme)	calmness
compassion (f) (compatissant)	compassion
courage (m) (courageux)	courage
curiosité (f) (curieux)	curiosity
douceur (f) (doux)	gentleness
fermeté (f) (ferme)	firmness, determination
force (f) (fort)	strength
impartialité (f) (impartial)	impartiality
intelligence (f) (intelligent)	intelligence
patience (f) (patient)	patience
ponctualité (f) (ponctuel)	punctuality
propreté (f) (propre)	cleanliness

> Ma copine est hôtesse de l'air. Dans ce métier le calme est indispensable. Elle aide les passagers. Elle sert les repas.

> Ma tante est agricultrice. Elle a du courage. Elle s'occupe des bêtes. Elle travaille dans les champs.

Mon cousin est agent de police. Il possède de la curiosité et il est courageux. Ce métier exige beaucoup de courage. Il arrête les malfaiteurs. Il travaille au commissariat de police.

Ma soeur est médecin. Dans ce métier on doit être compatissant. Elle examine les patients. Elle fait des ordonnances.

Dialogue

The examiner in the oral test is asking you about your future.

Examiner Vous voulez parler de votre avenir. Quels sont vos projets pour l'année prochaine?

You Si je réussis à mes examens je continuerai mes études.

Ex Quelles matières allez-vous étudier?

You Les sciences économiques, la géographie, le français et l'allemand.

Ex Avez-vous fait des projets pour l'avenir?

You Je voudrais aller à l'université où j'étudierai les sciences économiques et les langues.

Ex Et ensuite?

You Si j'obtiens ma licence j'essayerai d'obtenir un poste dans une entreprise allemande ou française ou même franco-allemande.

Ex Alors vous voudriez travailler à l'étranger?

You Oui, je voudrais bien. Je pense que c'est le meilleur moyen d'utiliser ses langues et en plus je voudrais connaître à fond une autre culture et un autre mode de vie.

V Future plans

à l'avenir	in the future
avenir (m)	future
bureau (m)	office
carrière (f)	career
convenable	suitable
disponibilité (f)	availability
disponible	available
entreprise (f)	firm
formation (f)	training
licence (f)	degree
métier (m)	trade, profession
poste (m)	position (job)
projet (m)	plan
propriétaire (m/f)	owner
réussir à ses examens	to pass one's exams
université (f)	university

g Grammar

Future tenses

You can say something is going to happen or will happen in one of two ways:

(a) aller + the infinitive
- Que vas-tu faire ce soir?   – What are you going to do this evening?
- Je vais aller au cinéma.   – I'm going to go to the cinema.

(b) the future tense
- Où iras-tu l'année prochaine?   – Where will you go next year?
- J'irai en France.   – I will go to France.

Modal verbs used with the infinitive

devoir ⟶ to have to   **vouloir** ⟶ to wish/want   **pouvoir** ⟶ to be able

These are often used with an infinitive, i.e. 'to do' something. The following examples show how they are used.

Examples

Devoir

Je dois aller à la banque.	I have to/must go to the bank.
J'ai dû acheter des chaussures.	I had/have had to buy some shoes.
Je devrais faire mes devoirs.	I ought to/should do my homework.

Vouloir

Je veux voir ce film.	I want to see that film.
Je voudrais aller en France l'année prochaine.	I would like to go to France next year.
J'ai toujours voulu lire ce roman.	I have always wanted to read that novel.

Pouvoir

Je peux vous aider?	Can I help you?
Je n'ai pas pu le faire.	I could not do it. / I have not been able to do it.
Je pourrais venir chez toi à 9 heures.	I could come to your place at 9 o'clock.

Present participle

This is the part of the verb that translates as the '-ing' ending. Note that the equivalent ending in French is '-ant'.

Examples

One event happening at the same time as another:

Nous avons pris notre dîner en regardant la télévision.	We had our dinner while we were watching television.
Ecrivez une lettre décrivant vos vacances.	Write a letter describing your holidays.

Try out your French

Marie-Louise	Tu m'as dit que tu voudrais trouver un travail en France cet été. Que feras-tu pour en trouver?
You	**(1)** Say that you have already looked in the small ads in the French regional paper.
M-L	De quelle region?
You	**(2)** Say in and around La Rochelle. **(3)** You have found a suitable job in a hotel. **(4)** You have faxed an application. **(5)** The owner has asked for a CV.
M-L	Que feras-tu comme travail?
You	**(6)** Say you will work in the kitchen. **(7)** You will wash up. **(8)** You will help to prepare the vegetables. **(9)** You will serve customers at lunchtime.
M-L	As-tu de l'expérience?
You	**(10)** Say you have already worked in hotels in England. **(11)** You did a course in a hotel in Le Touquet.
M-L	Tu ne travailleras pas tout le temps. Que feras-tu pendant ton temps libre?
You	**(12)** You will stay with French friends in La Rochelle. **(13)** You will visit some interesting places in the region with them. **(14)** You will do some sailing. **(15)** You will swim and sunbathe.
M-L	Quels détails vas-tu donner dans ton C.V.?
You	**(16)** Name, address, age etc. **(17)** Professional/work experience. **(18)** Languages you know and at what level. **(19)** Qualifications. **(20)** Leisure activities. **(21)** Any other relevant details.
M-L	J'espère que tu auras ce travail.

For answers see p. 62.

For answers see p. 62.

Test yourself

 **Vocabulary**

1 Jobs and professions

Complete the sentences by giving the job or profession which the first sentence describes.

(a) Pour la plupart du temps je travaille avec les ordinateurs. Je suis i_____.

(b) J'arrête les malfaiteurs. Je suis a_____.

(c) Je soigne les malades. Je suis m_____.

(d) Je travaille dans les avions. J'aide les passagers. Je suis h_____.

(e) Je joue dans des pièces de théâtre. Je suis a_____.

(f) Je soigne les dents. Je suis d_____.

(g) Je suis spécialiste de la médecine des animaux. Je suis v_____.

(h) J'enseigne dans une école primaire. Je suis i_____.

2 Future plans

Fill the gaps with suitable words chosen from the box.

(a) Je voudrais faire une _____ dans les sciences.

(b) D'abord je vais aller à l'_____.

(c) Quand j'aurai ma _____ je chercherai un_____

dans une grande _____.

(d) Je devrai faire un _____ de _____

pour apprendre bien mon _____.

carrière

poste

entreprise

formation

stage

licence

université

métier

For answers see p. 62.

g Grammar

1 Future tense

Complete these sentences using the future tense of the infinitive of the verb in brackets.

(a) A l'avenir je (ETRE) comptable.

(b) Nous (ALLER) en Allemagne cet été.

(c) Que (FAIRE)-tu l'année prochaine?

(d) Où (ALLER)-vous?

(e) Où (HABITER)-vous quand vous serez en France?

2 Devoir, vouloir, pouvoir + infinitives

Translate the following sentences.

(a) I must leave.

(b) He wants to go to the cinema.

(c) We can see the match on television.

(d) They had to leave.

(e) Would you like to see that film?

(f) We can see the match at 10 o'clock.

3 Present participle

Replace the phrase in **bold type** *with 'en' + present participle.*

Example

Quand vous sortirez de la gare tournez à gauche.
En sortant de la gare tournez à gauche.

(a) Quand vous arrivez aux feux allez tout droit.

(b) Quand vous tournez à droite allez jusqu'au rond-point.

(c) Je mangeais **pendant que je regardais** la télévision.

(d) Comme je sortais de la maison j'ai vu mon copain.

For answers see p. 62.

Exam question

Writing — higher tier

Réceptionniste — homme ou femme

Hôtel–Restaurant 4 étoiles recherche
réceptionniste — homme ou femme
Anglais courant — expérience souhaitée
Du 15 juillet au 31 août
Expédiez lettre de candidature accompagnée
d'un C.V. au plus tard le 15 mai

*Après avoir lu cette annonce
écrivez une lettre de candidature
au propriétaire de l'hôtel d'environ
120 mots en donnant les détails
suivants:*

- quand vous serez disponible
- vos compétences linguistiques
- votre expérience
- vos qualités
- vos intérêts

Answers for Topic 3

Try out your French p. 52

1 Le samedi je travaille dans un petit restaurant.

2 Je prends les commandes des clients et je les sers.

3 Quelquefois je fais la plonge.

4 Pas très loin.

5 Je prends le bus pour y aller. D'habitude après le travail ma mère me prend dans sa voiture.

6 Tu aimes faire du baby-sitting?

7 Je n'aime pas faire la plonge. Mais j'aime bien prendre les commandes et servir les clients.

8 Ce n'est pas très bien payé. Mais il y a les pourboires.

Answers for Topic 3

Test yourself pp. 52–53

Vocabulary

1 (a) librairie (b) ferme (c) maison
  (d) poste (e) magasin (f) bureau
  (g) supermarché (h) garage (i) banque
  (j) bibliothéque
  Highlighted word = restaurant
2 (a) coiffeuse (b) serveur (c) mécanicien
  (d) baby-sitter (e) vendeuse (f) caissier

Grammar

1 (a) cherché (b) trouvé (c) téléphoné
  (d) arrivé (e) fait (f) nettoyé (g) fait
  (h) porté (i) mangé (j) quitté
2 (a) avait fait. After he had done his
  homework he watched television.
  (b) était descendu. When he had got out of
  the car he walked towards the bridge.
  (c) était rentrée. As soon as she had got
  home she spoke about her day.
  (d) avais pris. After I had taken my shower
  I had a cup of coffee.

Try out your French p. 59

1 J'ai déjà regardé les petites annonces
  dans le journal régional français.
2 De La Rochelle et des environs.
3 J'ai trouvé un travail convenable dans
  un hôtel.
4 J'ai faxé ma demande d'emploi.
5 Le propriétaire a demandé un C.V.
6 Je travaillerai dans la cuisine.
7 Je ferai la plonge.
8 J'aiderai à préparer les légumes.
9 Je servirai les clients au déjeuner.
10 J'ai déjà travaillé dans des hôtels en
  Angleterre.

11 J'ai fait un stage à un hôtel au Touquet.
12 Je resterai chez des amis français à
  La Rochelle.
13 Avec eux je visiterai les endroits intéressants
  de la région.
14 Je ferai de la voile.
15 Je ferai des bains de mer et je ferai des
  bains de soleil.
16 Nom, adresse, âge etc.
17 Expérience professionnelle.
18 Langues et niveau.
19 Qualifications.
20 Loisirs.
21 Autres détails importants.

Test yourself pp. 59–61

Vocabulary

1 (a) informaticien(ne) (b) agent de police
  (c) médecin (d) hôtesse de l'air (e) acteur/
  actrice (f) dentiste (g) vétérinaire
  (h) instituteur/institutrice
2 (a) carrière (b) université (c) licence, poste,
  entreprise (d) stage, formation, métier

Grammar

1 (a) serai (b) irons (c) feras (d) irez
  (e) habiterez
2 (a) Je dois partir.
  (b) Il veut aller au cinéma.
  (c) Nous pouvons voir le match à la
  télévision.
  (d) Ils ont dû/ils devaient partir.
  (e) Voudrais-tu/voudriez-vous voir ce
  film?
  (f) Nous pouvons/on peut voir le match
  à 10 heures.
3 (a) En arrivant (b) En tournant
  (c) en regardant (d) En sortant

Topic 4
Holiday time and travel

Transport and travel

What you can revise in this section

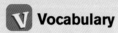 **Vocabulary**

- travel verbs
- means of transport
- people and places
- other vocabulary on travel

 Grammar

- the relative pronouns 'qui' and 'que'
- the use of 'après avoir/être' + past participle

Alain Michel, qui habite dans une banlieue de Paris, parle du trajet de chez lui jusqu'au lycée.

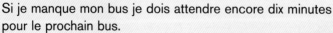

Alain Michel, who lives in a suburb of Paris, describes his journey to school.

Je mets 30–40 minutes pour aller au lycée.
It takes me 30–40 minutes to get to school.

Je prends le bus et le métro.
I get the bus and the underground.

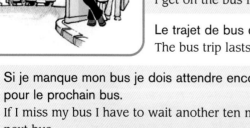

Je me mets en route vers 7 heures et demie.
I set out at about half past seven.

Je vais à pied à l'arrêt de bus.
I walk to the bus stop.

Je monte dans le bus à cinq minutes de chez nous.
I get on the bus five minutes from our house.

Le trajet de bus dure à peu près dix minutes.
The bus trip lasts about ten minutes.

Si je manque mon bus je dois attendre encore dix minutes pour le prochain bus.
If I miss my bus I have to wait another ten minutes for the next bus.

Quand je descends du métro j'ai encore cinq minutes de marche avant d'arriver au lycée.
When I get off the underground train I still have to walk five minutes before getting to the lycée.

Roland Michel, père d'Alain, qui travaille au sud de Paris, parle de son trajet jusqu'à son lieu de travail.
Roland Michel, Alain's father, who works in the south of Paris, speaks about his trip to work.

Je mets 45 minutes–1 heure pour aller au bureau.
It takes me 45 minutes to an hour to get to the office.

D'habitude je prends la voiture.
Usually I go by car.

Je quitte la maison à 7 heures.
I leave the house at 7 o'clock.

Si je suis pressé j'utilise l'autoroute.
If I am in a hurry I use the motorway.

Mais quand il est difficile de circuler aux heures d'affluence, j'utilise les routes nationales ou départementales.
But when it is difficult to get through at peak times I take the national or departmental roads.

Après être arrivé à mon lieu de travail je range ma voiture dans le parking réservé.
After arriving at my workplace I park my car in the reserved parking area.

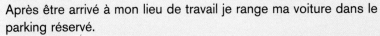

Ⓥ Travel verbs

aller	to go
annoncer	to announce
arriver	to arrive
attendre	to wait, to wait for
changer	to change
circuler	to move about
composter	to date-stamp/ punch a ticket
conduire	to drive
dépasser	to overtake
descendre de	to get off, to get out
durer	to last, to take (of time)
entrer	to enter
être de retour	to be back
louer	to hire
manquer	to miss
marcher	to walk

mettre	to take (of time)
monter dans	to get in
partir	to leave
prendre	to take
quitter	to leave
rater	to miss
rentrer	to return
renverser	to knock over
rester	to stay
revenir	to come back
s'arrêter	to stop
se dépêcher	to hurry
se mettre en route	to set out
sortir	to go out
stationner	to park
traverser	to cross
utiliser	to make use of, to use
voyager	to travel

V Means of transport

aéroglisseur (m)	hovercraft
autobus (m), bus (m)	bus
autocar (m)	coach
avion (m)	aeroplane
bateau (m)	boat
bicyclette (f)	bicycle
camion (m)	lorry
camionnette (f)	van
cheval (m)	horse
ferry (m)	ferry (boat)
hélicoptère (m)	helicopter
métro (m)	underground, tube, metro

motocyclette (f), moto (f)	motorbike
scooter (m)	scooter (small motorbike)
taxi (m)	taxi
train (m)	train
tramway (m)	tram
transports (m pl) en commun	public transport
trottinette (f)	scooter (child's toy)
vélo (m)	bike
vélomoteur (m)	moped
voiture (f)	car

Quel moyen de transport préférez-vous et pourquoi?
What form of transport do you prefer and why?

Jean: Je préfère voyager en voiture. C'est confortable et pratique.
I prefer travelling by car. It's comfortable and practical.

Claire: Je préfère voyager en bateau parce que j'aime la mer.
I prefer travelling by boat because I love the sea.

Marie-Louise: Je préfère voyager en train. C'est assez rapide.
I prefer travelling by train. It's quite fast.

René: Je préfère voyager en avion parce que c'est très rapide.
I prefer flying because it's very fast.

Alain: Je préfère le vélo à tous les autres moyens de transport parce que c'est très sain.
I prefer cycling to all other forms of transport because it's very healthy.

V People and places

agent (m) de police	police officer
aire (f) de repos	picnic area (off motorway)
autoroute (f)	motorway
buffet (m)	buffet
bureau (m) de change	money exchange (office)
bureau (m) des objets trouvés	lost-property office
carrefour (m)	crossroads
chauffeur (m)	driver
compartiment (m)	compartment (on train)
consigne (f)	left-luggage office
douane (f)	customs
gare (f)	station

gare (f) routière	bus station
guichet (m)	ticket office
piéton (m)	pedestrian
port (m)	port
porteur (m)	porter
quai (m)	platform
rocade (f)	bypass
rond-point (m)	roundabout
route (f)	road
salle (f) d'attente	waiting-room
station (f) de métro	metro station
touriste (m/f)	tourist
voie (f)	track, platform
voiture (f)	carriage (on train)
voyageur (m)	traveller
wagon-restaurant (m)	dining-car

V Other vocabulary on travel

à l'heure	on time
aller et retour (m)	return
aller simple (m)	single
arrivée (f)	arrival
billet (m)	ticket
chemin de fer (m)	railway
départ (m)	departure
dernier	last
en direction de	going to
en provenance de	coming from
en retard	late
horaire (m)	timetable
lent	slow

portière (f)	door (train)
prochain	next
rapidement	fast
réduction (f)	reduction
renseignements (m pl)	information
réservation (f)	reservation
S.N.C.F. (f) (Société de Chemins de fer Français)	French Railways
sortie (f)	exit
suivant	next
toutes directions	all routes
valable	valid

Try out your French

You are at the ticket office of the main station in Nice.

You (1) Ask for a return ticket to Menton.

Employé Quelle classe?

You (2) Say you would like a second-class ticket.
(3) Ask how much it is.

Emp C'est 4 euros 50. `

You (4) Say you have the 12–25-year-old's card.
(5) Ask if there is a reduction.

Emp Bien sûr. De 50%. Alors c'est 2 euros 25.

You (6) Ask when the next train leaves.

Emp A 13 heures 5.

You (7) Ask if there is a buffet on the train.

Emp Non, Monsieur/Madame.

You (8) Say thank you and present your money.

Emp Merci, Monsieur/Madame.

For answers see p. 93.

g Grammar

The relative pronouns 'qui' and 'que'

Qui and **que** are relative pronouns. You can use them to join two sentences into one.

M. Alain est comptable. Il travaille pour une grande entreprise.
M. Alain, qui est comptable, travaille pour une grande entreprise.
M. Alain, who is an accountant, works for a big company.

Qui (who, which, that) is the *subject* of the following verb, e.g. L'homme qui marche.
Que/qu' (whom, which, that) is the *object* of the following verb, e.g. L'homme que j'ai vu.

Je préfère un moyen de transport qui est confortable et rapide.
Le train qu'il a pris hier était en retard.

Note that **que** can also mean 'than':

Elle est plus grande que moi.　　　　　She is taller than me.

The use of 'après avoir/être' + past participle

Note that in English you can use the present participle.

Après avoir pris son petit déjeuner,　　After having (had) her breakfast, she left.
elle est sortie.

Après être sortie, elle est allée à pied　　After having left/leaving, she walked to
à l'arrêt de bus.　　　　　　　　　　　the bus stop.

(**Etre** is used here because **sortir** is one of the verbs which is conjugated with **être**.)

Try out your French

Marie-Louise　Aimes-tu voyager?

You　(1) Say you like travelling very much, especially by train.

M-L　Pourquoi aimes-tu voyager en train?

You　(2) Say it is comfortable and you can see the countryside.
(3) Ask M-L what form of transport she prefers.

M-L　Ça dépend. Si on est pressé je pense que l'avion est le plus pratique. Mais j'aime beaucoup voyager en voiture. As-tu voyagé en France?

You　(4) Say you have travelled by car in France and once you took the train from Paris to Chartres.

M-L　Pourquoi es-tu allé(e) en train?

You　(5) Say it was more convenient than by car.
(6) Ask M-L if she has travelled in the UK.

M-L　Oui, en voiture avec mes parents mais une fois on a pris l'Eurostar de Paris à Londres.

For answers see p. 93.

Test yourself

 Vocabulary

1 Nouns *What are these means of transport?*

(a) RIOTUVE **(b)** ARTIN **(c)** ROMET **(d)** MOOT **(e)** CIBLYEECTT **(f)** RAC **(g)** MACNIO
(h) LOVE **(i)** VAION **(j)** TUEABA

2 Verbs *Choose the correct verb from the box below.*

(a) Alain _____ dans le train.

(b) Alain _____ de la voiture.

(c) Roland _____ sa voiture.

(d) Roland _____ sa voiture.

(e) Alain _____ à la maison à 5 heures et demie.

descend   stationne

rentre   conduit

monte

For answers see p. 93.

g Grammar

1 Qui, que/qu'

Fill in the blanks with qui/que/qu'.

(a) Le film _____ j'ai vu est français.

(b) Elle va acheter la robe _____ se trouve à droite.

(c) J'ai pris le train _____ va à Menton.

(d) Le bus _____ il prend chaque matin n'est pas arrivé.

(e) Voilà le car _____ tu attends.

2 Après avoir/être + past participle

(i) Complete the sentences with the correct past participle from among the ones in brackets.

(a) Après avoir *(attendu/attendus/attendue)* le train pendant une heure, elle est rentrée à la maison.

(b) Après être *(sorties/sortis/sorti)* de la maison, mes parents ont pris un taxi.

(c) Après avoir *(composté/compostés/compostée)* leurs billets, ils ont cherché leurs places dans le train.

(d) Après être *(sorti/sortis/sorties)* de la maison, mes soeurs sont allées à l'arrêt de bus.

(ii) Now translate the completed sentences into English.

For answers see p. 93.

Exam question

Listening comprehension — foundation and higher tiers

Transcript

On prend le train.
- Bonjour. Je voudrais aller à Nice et je voudrais quelques renseignements.
- Vous avez un grand choix de trains, départs toutes les vingt minutes jusqu'à midi.
- C'est combien un aller et retour?
- Un aller et retour seconde classe c'est 25 euros mais si vous avez une carte 12–25 ans vous avez une réduction de 50%.
- Il faut réserver une place?
- Oui, si vous voulez être sûr d'une place.

Alain est au guichet. Cochez (✔) la bonne case. Vrai ou faux?	Vrai	Faux
Exemple: Alain prend le train à Nice.	✔	
(a) Le matin il y a des trains toutes les demi-heures.		
(b) Un aller et retour sans réduction coûte 25 euros.		
(c) La réduction avec carte 12–25 ans est de 40%.		
(d) Sans avoir fait une réservation on ne peut pas être sûr de trouver une place.		

Tourism and accommodation

What you can revise in this section

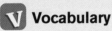 Vocabulary

- types of tourism
- countries and geographical names
- nationalities
- booking accommodation
- types of accommodation

g Grammar

- interrogatives quel, quelle, quels, quelles
- time
- dates
- simple conditional
- 'in' and 'to' with countries

My friends and I did a horse-riding course at a farm in the centre of France. We went on some great trips.

J'ai fait du camping avec des copains au bord de la Seine. C'était sensationnel.

I went camping with some friends by the Seine. It was great.

Mes amis et moi avons fait un stage de cheval à une ferme équestre dans le centre de la France. Nous avons fait de belles promenades.

Nos voisins ont fait une croisière sur la Méditerranée. Ils ont visité plusieurs pays.

J'ai fait un tour du Midi de la France avec ma cousine et sa famille. Nous avons passé plusieurs jours sur la Côte d'Azur.

Our neighbours went on a Mediterranean cruise. They visited several countries.

I toured the south of France with my cousin and her family. We spent several days on the Côte d'Azur.

V Types of tourism

faire du camping	to go camping
faire du cheval	to go horse-riding
faire une croisière	to go on a cruise
faire un tour	to go on a tour
tourisme (m) vert	environmental tourism
voyage (m) organisé	package holiday

V Countries and geographical names

Afrique (f)	Africa
Alpes (f)	Alps
Amérique (f)	America
Angleterre (f)	England
Atlantique (f)	Atlantic
Autriche (f)	Austria
Belgique (f)	Belgium
Canada (m)	Canada
Communauté (f) européenne	European Community
Côte (f) d'Azur	French coast from Marseilles to Italian border
Danemark (m)	Denmark
Ecosse (f)	Scotland
Espagne (f)	Spain
Etats-Unis (m pl)	United States
Europe (f)	Europe
Finlande (f)	Finland
France (f)	France

Irlande (f)	Ireland
Irlande (f) du Nord	Northern Ireland
Italie (f)	Italy
la Manche	the English Channel
Laponie (f)	Lapland
le Midi	south of France
Luxembourg (m)	Luxembourg
Méditerranée (f)	Mediterranean
Mer (f) du Nord	North Sea
Norvège (f)	Norway
Pays-Bas (m pl)	Netherlands (Holland)
Pays (m) de Galles	Wales
pays (m) membre	member country
Portugal (m)	Portugal
Pyrénées (f)	Pyrenees
Royaume-Uni (m)	United Kingdom
Suède (f)	Sweden
Suisse (f)	Switzerland

V Nationalities

allemand	German	français	French
américain	American	gallois	Welsh
anglais	English	grec	Greek
autrichien	Austrian	hollandais	Dutch
belge	Belgian	irlandais	Irish
danois	Danish	italien	Italian
écossais	Scottish	portugais	Portuguese
espagnol	Spanish	suédois	Swedish
européen	European	suisse	Swiss
finlandais	Finnish		

Je voudrais visiter la Finlande parce que j'aimerais voir la Laponie et les rennes.

Je voudrais aller au Danemark parce que je voudrais voir Copenhague.

Quel pays aimerais-tu visiter et pourquoi?

Je voudrais aller en Autriche parce que je voudrais voir les montagnes autrichiennes.

Je voudrais aller en Espagne parce que j'aime la musique traditionnelle espagnole.

Je voudrais aller en Italie parce que j'aime la cuisine italienne.

Je voudrais aller en Grèce parce je voudrais voir le Panthéon.

V Booking accommodation

à partir de	from
arrhes (f pl)	deposit
chambre (f)	room
compris	included
double	double
douche (f)	shower
étage (f)	floor
jusqu'à	until
nuit (f)	night
pour une personne	for one person
repas (m)	meal
réserver	to book/reserve
restaurant (m)	restaurant
salle (f) de bain	bathroom
servi	served
toilettes (f pl)	toilets

V Types of accommodation

auberge (f) de jeunesse	youth hostel
camping (m)	camping site
château (m)	castle/stately home
demi-pension	half board
gîte (m)	self-catering cottage or flat
hébergement (m)	accommodation
hôtel (m)	hotel
pension (f)	boarding house
pension (f) complète	full board

Reserving hotel accommodation by telephone

Réceptionniste Ici l'Hôtel du Cheval Blanc. Qu'y a-t-il pour votre service?

You **(1)** Say you would like to book two rooms, one double and one single, both with a bathroom.

Réc Pour quelle date et pour combien de nuits?

You **(2)** Say you would like the rooms for two nights from 2 July. **(3)** Ask if there is a restaurant.

Réc Oui, il y a un très bon restaurant.

You **(4)** Ask how much the rooms are.

Réc Avec petit déjeuner pour les deux chambres c'est 240 euros. Si vous voulez réserver les chambres vous n'avez qu'à envoyer une lettre de confirmation avec des arrhes de 20%, c'est à dire 48 euros.

You **(5)** Say you would like to reserve the rooms. **(6)** Ask if you can pay the deposit by credit card. **(7)** Ask if you can fax the confirmation.

Réc Oui, bien sûr.

For answers see p. 93.

 Grammar

Interrogatives: quel, quelle, quels, quelles

Interrogatives can be used with a noun:

Quel pays aimerais-tu visiter?	What country would you like to visit?
Quelle sorte de films préfères-tu?	What sort of films do you prefer?
Quels pays as-tu visités?	Which countries have you visited?

They can be used to replace a noun:

Quelle est votre profession?	What is your job/profession?
Quel est ton nom?	What is your name?

Time

Quelle heure est-il?	What time is it/What is the time?
Il est 2 heures.	It is 2 o'clock.
Il est 2 heures et quart.	It is 2.15.
Il est 2 heures vingt-cinq.	It is 2.25.
Il est 2 heures et demie.	It is 2.30.
Il est 2 heures quarante-cinq./	It is 2.45.
Il est 3 heures moins le quart.	
Il est 3 heures moins dix.	It is 2.50.
Il est midi.	It is 12 o'clock (midday).
Il est minuit.	It is 12 o'clock (midnight).

Dates

Quelle est la date?	What's the date?
le 1er (premier) mai	1 May
le 2 (deux) mai	2 May
le 21 (vingt et un) mai	21 May
dix-neuf cent soixante-six/mil neuf cent soixante-six	1966
deux mille deux	2002

Simple conditional

This conveys 'I would/should (do something)'.

Je voudrais/j'aimerais aller aux Etats-Unis.	I would like to go to the United States.
Je voudrais un billet aller et retour.	I would like a return ticket.

'In' and 'to' with countries

Use 'en' before a country whose gender is feminine:

J'habite en France.	I live in France.
Je voudrais aller en Italie.	I would like to go to Italy.

Use 'au' or 'aux' with countries whose gender is masculine:

au Danemark	to/in Denmark
aux Pays-Bas	in/to the Netherlands

Try out your French

Marie-Louise	Préfères-tu passer les vacances au bord de la mer ou aimes-tu faire autre chose?
You	**(1)** Say you like to be active. **(2)** Say that in summer you spent a fortnight at a riding centre in Wales.
M-L	Ça existe aussi en France. Décris-moi une journée typique.
You	**(3)** Say you attended a course in the morning. **(4)** Then you went riding. **(5)** In the afternoon you played tennis. **(6)** Ask M-L what kind of holiday she likes best.
M-L	J'adore les sports aquatiques. Surtout la voile. Depuis plusieurs années la famille passe les vacances d'été sur la côte sud de la Bretagne.
You	**(7)** Say you would like to go sailing but you have no boat.
M-L	Alors voudrais-tu passer quelques jours chez nous en Bretagne l'année prochaine?
You	**(8)** Say you would like to very much.

For answers see p. 93.

Test yourself

 Vocabulary

1 Countries

Find in the grid the French for these countries:

Finland, Ireland, France, Austria, Greece, Spain, Belgium, Scotland, Italy

C	I	T	A	L	I	E	P	G
F	R	A	N	C	E	V	C	N
I	L	B	O	Q	A	T	O	I
N	A	U	T	R	I	C	H	E
L	N	C	O	A	E	S	R	S
A	D	F	P	L	N	B	M	P
N	E	C	O	S	S	E	Y	A
D	Y	G	R	E	C	E	A	G
E	E	Q	S	Y	S	A	L	N
O	B	E	L	G	I	Q	U	E

2 Countries and nationalities

Fill in the table with the French for the countries and nationalities, male and female.

Country	Nationality (m)	Nationality (f)
Example: Wales: Pays de Galles	gallois	galloise
(a) Belgium:		
(b) Sweden:		
(c) Germany:		
(d) Denmark:		
(e) England:		

For answers see p. 93.

g Grammar

1 Quel, quelle, quels, quelles

Fill in the gaps with the correct form.

(a) _____ château!

(b) _____ est votre nom?

(c) _____ heure est-il?

(d) _____ pommes allez-vous acheter?

2 Time and dates

Write the French for these:

(a) 2.00 p.m. **(b)** 12.05 a.m. **(c)** 11.4.97 **(d)** 1.5.01

3 Simple conditional

Give the correct form of the conditional for the infinitives in brackets.

(a) je (DONNER) **(b)** elles (REPONDRE) **(c)** nous (FINIR) **(d)** on (POUVOIR) **(e)** vous (ETRE)

4 'In', 'to' with countries

Translate the following sentences into French.

(a) I am going to France.

(b) I live in Wales.

(c) I would like to go to the United States.

(d) Montreal is in Canada.

For answers see p. 93.

Exam question

Writing — higher tier

Ecrivez une lettre à un hôtel dans le sud-ouest de la France où vous comptez rester une semaine au mois d'août avec vos parents. Dans votre lettre dous devrez:
- réserver deux chambres, l'une pour vos parents, l'autre pour vous avec salle de bains
- donner les dates de votre arrivée et de votre départ
- demander le prix de vos chambres avec petit déjeuner et dîner et combien d'arrhes il faut envoyer
- vous renseigner sur les visites et les excursions qu'on pourrait faire dans la région

Services

What you can revise in this section

 Vocabulary

- changing currency
- sending post
- at a garage
- at the hairdresser's
- at the tourist information office
- at the dry-cleaner's

 Grammar

- questions and requests for services
- faire faire quelque chose
- the superlative: the best, the biggest etc.

The six dialogues here are typical of the ones in which you will have to take part.
You can practise them with your friends or with the assistant. Try both parts.

V Changing currency

banque (f)	bank
billet (m)	bank note
bureau (m) de change	money exchange (office)
changer	to change
chèque (m) de voyage	traveller's cheque
cours (m)	exchange rate
distributeur (m) automatique de billets	automatic cash dispenser
livre (f)	pound (sterling)
passeport (m)	passport
pièce (f) de monnaie (f)	coin
signer	to sign

Employé Je peux vous aider?

Vous Oui. Je voudrais changer des livres sterling en euros.

E Voulez-vous changer des billets de banque ou des chèques de voyage?

V Des chèques de voyage. Quel est le cours aujourd'hui?

E Un euro vaut 62 pence. Pour une livre sterling vous aurez 1 euro 62. Avez-vous une pièce d'identité?

V Oui. Voici mon passeport.

E Alors signez ici vos chèques de voyage.

V Sending post

boîte (f) aux lettres	post box
bureau (m) de poste	post office
carte (f) postale	postcard
courrier (m)	mail
envoyer	to send
paquet (m)	parcel
par avion	by air mail
timbre (m)	stamp

Employé Qu'y a-t-il pour votre service?

Vous Pour envoyer une carte postale en Grande Bretagne c'est combien?

E C'est 30 centimes d'euro.

V Voulez-vous me donner 12 timbres s'il vous plaît?

E Voilà. Ça fait 3 euros 60.

V Il y a une boîte aux lettres?

E Oui. C'est à gauche comme vous sortez.

You telephone a garage.

Propriétaire Marcel Carnac. Je peux vous aider?

Vous Notre voiture est tombée en panne.

P Où exactement est la voiture?

V Sur la route D44 à 2 kilomètres de la ville juste en face du bar-restaurant 'Aux 2 pigeons'.

V At a garage

batterie (f)	battery
essence (f)	petrol
essuie-glace (m)	windscreen wiper
faire le plein	to fill the tank
fuel-oil (m)	diesel fuel
niveau (m) d'eau	water level
niveau (m) d'huile (f)	oil level
numéro (m) d'immatriculation (f)	number plate
radiateur (m)	radiator
sans plomb (m)	lead-free
super (m)	4-star petrol
tomber en panne	to break down
vérifier	to check

P Quelle est la marque de la voiture, sa couleur et le numéro d'immatriculation?

V C'est une Toyota blanche et le numéro est N728 MUD. C'est une voiture britannique.

P Voulez-vous me donner votre nom et m'indiquer d'où vous téléphonez?

V Je suis James Allsopp et je téléphone du bar-restaurant 'Aux 2 pigeons'.

P Alors je vais envoyer quelqu'un.

V At the hairdresser's

cheveux (m pl)	hair
coiffeur (m)	hairdresser
coiffeuse (f)	hairdresser
coiffure (f)	hairstyle
coupe (f)	cut
couper	to cut
laver	to wash
salon (m) de coiffure	hairdresser's
shampooing (m)	shampoo
teindre	to dye

Coiffeur Qu'y a-t-il pour votre service?

Vous Je voudrais me faire couper les cheveux.

C Très bien. Je vous fais aussi un shampooing?

V S'il vous plaît.

C Vous voulez garder le même style?

V Plus ou moins mais un peu plus court.

C D'accord.

Employé Je peux vous aider?

Vous Je voudrais des renseignements concernant les visites à faire dans la région.

E Vous restez encore longtemps?

V Cinq jours.

E Qu'est-ce qui vous intéresse?

V Tout. L'histoire, la culture, les traditions régionales.

E Alors je vous donne ces dépliants. Vous y trouverez des visites très intéressantes.

V Merci beaucoup. Pouvez-vous me donner une carte de la région s'il vous plaît?

E Bien sûr. Voilà.

ⓥ At the tourist information office

carte (f)	map
dépliant (m)	leaflet
plan (m)	town plan/map
renseignement (m)	a piece of information
syndicat (m) d'initiative	tourist information office

Employé Comment puis-je vous aider?

Vous Voulez-vous nettoyer à sec cet anorak et ce jeans?

E Il y a deux tariffs. C'est plus cher si vous voulez les prendre le même jour.

V Quel est le supplément?

E Pour les deux articles c'est 10 euros.

V Alors comme je dois partir demain après-midi je payerai le supplément.

ⓥ At the dry-cleaner's

nettoyer à sec	to dry-clean
réparer	to repair
repasser	to press, iron
teinturerie (f)	dry-cleaner's

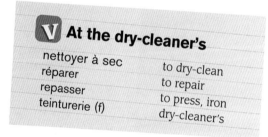

ⓖ Grammar

Questions and requests for services

You can form a question in three ways:

(a) by rising intonation on a statement
Vous êtes Anglais?

(b) by inverting the subject and verb
Etes-vous Anglais?

(c) by placing 'est-ce que' in front of the statement

Est-ce que vous êtes Anglais?

Examples

Voulez-vous faire le plein, s'il vous plaît?	Will you fill it (the petrol tank) up please?
Est-ce que vous pouvez réparer ma montre?	Can you repair my watch?

Faire faire quelque chose

This translates as 'to have something done'.

Je vais me faire couper les cheveux.	I am going to have my hair cut.
Il a fait construire une maison.	He had a house built.

The superlative

J'ai aimé le plus le château de Chambord.	I liked the château de Chambord the most.
L'été est la plus belle saison.	Summer is the most beautiful season.
Mon meilleur ami/ma meilleure amie.	My best friend.

Try out your French

Marie-Louise Parle-moi un peu du tour du Val de Loire que tu as fait avec tes parents.

You **(1)** Say it went well but the car broke down.

M-L Quel malheur! Où est-elle tombée en panne?

You **(2)** Near Loches.

M-L Tu as trouvé difficile de la faire réparer?

You **(3)** Say it was not too difficult. **(4)** You phoned a garage in the town. **(5)** The owner sent out a mechanic. **(6)** Say that you were on your way again after an hour.

M-L Mais à part cela tout s'est bien passé?

You **(7)** Very well. **(8)** Say you and your parents visited about ten châteaux.

M-L Lequel des châteaux as-tu aimé le plus?

You **(9)** Say you liked Azay-le-Rideau very much. **(10)** But Chenonceaux was the most beautiful.

M-L Où as-tu trouvé des renseignements sur la région?

You **(11)** Say the tourist information centres were useful. **(12)** Say you got excellent leaflets and maps.

For answers see p. 94.

Test yourself

Vocabulary

1 *Choose the most suitable word or phrase. Then translate the completed sentences.*

   (a) Je me fais couper les cheveux *(à la teinturerie/au salon de coiffure/à la banque)*.

   (b) Je change mon argent en euros *(au bureau de change/au syndicat d'initiative/à la station-service)*.

   (c) A la station-service *(je fais vérifier les pneus/je fais réparer ma montre/je fais laver à sec mon anorak)*.

   (d) J'achète un timbre *(à la teinturerie/à la poste/au bureau de change)*.

2 *What are these verbs (infinitives)? In each case the first letter of the anagram is the first letter of the verb.*

RAPREER   CANGHRE   LERAV   VIFIERRE   EROYVEN   NERTTEYO   CROUPE
ATRECHE

For answers see p. 94.

g Grammar

1 Questions

How do you ask the following questions in French?

(a) Where are you going?

(b) Are you French?

(c) Will you clean the car please?

(d) Do you have an English newspaper?

(e) What did you do during the holidays?

2 Faire faire

Translate the following sentences into English.

(a) Je vais me faire couper les cheveux.

(b) Il a fait vérifier les pneus de sa voiture.

(c) Mes amis font construire une maison à la campagne.

(d) Je me suis fait laver les cheveux.

3 Superlatives

How do you say the following in French?

(a) My best friend.

(b) We liked the château of Villandry the most.

(c) Our house is the biggest.

(d) My sister is the prettiest.

For answers see p. 94.

Exam question

Listening test — higher tier

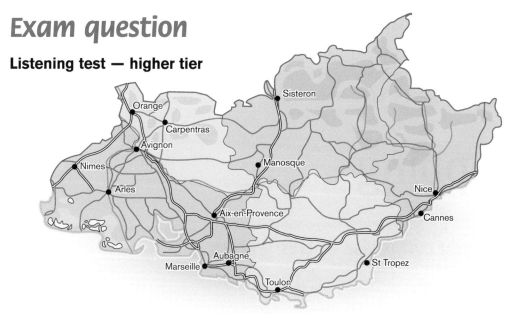

Transcript

Vous Et toi, Marie-Louise, où as-tu passé les vacances et avec qui?

Marie-Louise Je suis allée avec ma cousine et ses parents dans le midi de la France. Nous y avons fait un tour en voiture.

Vous Vous y avez passé combien de temps et où êtes-vous allés?

M-L Nous y avons passé une quinzaine de jours. Nous avons visité plusieurs villes et la Camargue.

Vous Décrivez-moi votre itinéraire.

M-L Alors nous avons commencé par Orange puis nous sommes allés à Avignon où nous avons passé deux jours. Ensuite c'était Arles. Après Arles nous avons passé trois jours dans la Camargue. Puis nous sommes allés à Aix-en-Provence et finalement nous sommes allés sur la côte où nous avons passé le reste du temps.

Vous Quelle ville as-tu aimée le plus?

M-L J'ai aimé Avignon le plus. J'ai pu voir le fameux pont et le Palais des Papes. Mais la Camargue était sensationnelle. Il faut te dire que je crois passionnément en la sauvegarde de la nature et donc c'était merveilleux de voir tant d'oiseaux exotiques et les chevaux sauvages.

Vous Alors tu gardes de beaux souvenirs de tes vacances.

M-L Oui, de très beaux souvenirs.

Listen to this dialogue and answer the questions in English.

1 With whom did Marie-Louise go on holiday?
2 Where in France did she go?
3 How long did she stay there?
4 Which town did she like the most and what did she see there?
5 Why was Marie-Louise particularly interested in the Camargue?
   (a) She was born there.
   (b) She collects stamps with a wildlife theme.
   (c) She is interested in the preservation of wildlife.
6 Name two things she saw in the Camargue.

Shopping

What you can revise in this section

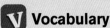 Vocabulary

- names of shops
- quantities and size
- items you might want to buy
- asking the way

g Grammar

- demonstrative pronouns: celui, celle, ceux, celles
- object pronouns: le, la, les
- partitive articles: du, de la, de l', des
- commands
- prepositions with 'de'

V Names of shops

boucherie (f)	butcher's shop
boulangerie (f)	baker's
boutique (f)	small shop
centre (m) commercial	shopping centre
magasin (m) de chaussures (f pl)	shoe shop
grand magasin (m)	department store

librairie (f)	book shop
magasin (m)	big shop
maison (f) de la presse	newsagent's
pâtisserie (f)	cake shop
pharmacie (f)	chemist's
supermarché (m)	supermarket
vêtements (m pl)	clothes

A la boulangerie-pâtisserie

Vendeuse Oui, Monsieur/Mademoiselle?

Vous Je voudrais une baguette et trois croissants.

Vend Voilà. Et avec ça?

Vous Alors je voudrais aussi une tarte aux pommes. Celle-ci, c'est combien?

Vend C'est onze euros.

Vous Alors je la prends. C'est combien en tout?

Vend En tout, ça fait 14 euros 50.

Vous Merci. Voilà.

Vend Merci à vous.

Vous Au revoir.

Vend Au revoir.

A la pharmacie

Vend Oui, Monsieur/Mademoiselle?

Vous Bonjour.

Vend Bonjour. Vous désirez?

Vous Je voudrais une brosse à dents et du dentifrice.

Vend Voilà les brosses à dents et voilà du dentifrice. Prenez ce que vous désirez.

Vous Je prends cette brosse à dents et ce dentifrice. Ça me fait combien?

Vend Ça vous fait 4 euros.

Vous Merci beaucoup.

Vend De rien.

Vous Au revoir.

Vend Au revoir, Monsieur/Mademoiselle.

A la librairie

Vous Pouvez-vous m'aider?

Vend Ça dépend. Qu'est-ce que vous cherchez?

Vous Je cherche un bon guide de la région. Qu'est-ce que vous recommandez?

Vend Il y en a beaucoup. Mais celui-ci vous donne beaucoup de renseigne-ments utiles sur un tas de sujets et ce n'est pas très cher.

Vous Le langage n'est pas trop difficile?

Vend Je ne pense pas. Regardez un peu…. Alors qu'est-ce que vous en pensez?

Vous Vous avez raison. Ce n'est pas trop difficile. C'est combien?

Vend C'est 15 euros.

Vous Alors je le prends.

Au marché

Vous	Ces pommes-là, combien coûtent-elles?
Vend	Celles-ci?
Vous	Non, celles-là.
Vend	Alors, celles-là coûtent 1 euro la livre.
Vous	J'en prends un kilo.
Vend	Et avec ça?
Vous	Je voudrais des fraises.
Vend	Celles-là sont excellentes.
Vous	Donnez-moi deux petits paniers. Je vous dois combien?
Vend	5 euros.
Vous	Voilà.
Vend	Merci.

V Quantities and size

boîte (f)	tin, can
bouteille (f)	bottle
douzaine (f)	dozen
gramme (m)	gramme
kilogramme/kilo (m)	kilogramme
litre (m)	litre
livre (f)	pound (=500 grammes)
morceau (m)	piece
paire (f)	pair
paquet (m)	packet
peu (m)	a little
plusieurs	several
pointure (f)	size (shoes)
pot (m)	pot
sac (m)	bag
taille (f)	size (clothes)
tranche (m)	slice

Au magasin de chaussures

Vend	Oui, Monsieur/Mademoiselle?
Vous	Je voudrais acheter des baskets.
Vend	Nous en avons en toutes les couleurs et en toutes les meilleures marques et, bien sûr, à tous les prix. Vous avez quelle pointure?
Vous	36.
Vend	Essayez ceux-ci. Ils sont en promotion. Ils coûtent 180 euros. Cela représente une réduction de 30 pour cent.
Vous	Ça me convient parfaitement. Je les prends.
Vend	Je les emballe?
Vous	S'il vous plaît.

V Items you might want to buy

bloc-notes (m)	note book
chaussette (f)	sock
collant (m)	tights
journal (m)	newspaper
parfum (m)	perfume

Chez le fleuriste

Vend Oui, Monsieur/Mademoiselle?

Vous Je voudrais acheter un bouquet de fleurs. Pouvez-vous me conseiller? Je veux les offrir à la mère de ma correspondante.

Vend Combien voulez-vous dépenser?

Vous 30 à 40 euros.

Vend Je pourrais vous faire faire un bouquet d'oeillets pour 35 euros. Ceux-là à gauche. Les rouges. Ils sont très beaux.

Vous Oui, ils sont exceptionnels. Alors voulez-vous m'en faire un bouquet?

Vend Alors ma collègue va les préparer.

Vous D'accord.

V Asking the way

à cinquante mètres d'ici	50 metres from here
à droite	to/on the right
à gauche	to/on the left
en face	opposite
où est la poste?	where is the post office?
pas très loin	not very far
pour aller à la poste?	how do you get to the post office?
tournez	turn
tout droit	straight on
traversez	cross

Dans la rue

Vous Pour aller à la gare routière, s'il vous plaît?

Passant Elle n'est pas très loin d'ici. A dix minutes de marche à peu près. Vous êtes pressé(e)?

Vous Non, pas trop. Je dois être là à 11 heures.

Passant Alors vous suivez cette rue jusqu'aux feux. Vous les voyez?

Vous Oui.

Passant Quand vous y arrivez vous tournez à gauche. C'est l'avenue de Gaulle. Après à peu près 100 mètres vous arrivez à un rond-point. Là vous tournez encore à gauche et vous continuez pour 100 mètres jusqu'au cinéma Paradis et vous trouverez la gare routière en face.

Vous Merci, Monsieur.

Passant Il n'y a pas de quoi.

g Grammar

Demonstrative pronouns

'The one' or 'the ones' is translated by:

celui (m sing)   celle (f sing)
ceux (m pl)   celles (f pl)

Examples

J'aime cette voiture mais je préfere   I like this/that car but I prefer my brother's
celle mon frère.   (the one of my brother).

Quelles sont ces fleurs?   Which are those flowers?
Celles que j'ai achetées hier.   The ones I bought yesterday.

Note that you can add '-ci' or '-là' to point something out.

Example

Quels baskets vas-tu acheter?   Which trainers are you going to buy?
Ceux-ci ou ceux-là?   These or those?

Object pronouns

Object pronouns are placed before the verb in the order shown below.

1	2	3	4	5
me = me, to me	le = him, it	lui = to him,	y = there	en = some, of it,
te = you, to you	la = her, it	to her		of them
se = oneself, to oneself	les = them	leur = to them		
nous = us, to us				
vous = you, to you				

Examples

Elle me regarde.   She is looking at me.
Il me le donne.   He is giving it to me.
Je le lui donne.   I'm giving it to him/to her.
Il m'en a parlé.   He spoke to me about it.
Il nous l'a donné.   He gave it to us.
J'y ai été.   I have been there.

Partitive articles

'Some' is translated by: du, de la, de l', des.

Examples

Je voudrais des pommes.   I would like some apples.

Je vais acheter du fromage, de la   I'm going to buy cheese, cream and
crème et de l'eau minérale.   mineral water.

Commands

	-er verbs, e.g. traverser	-re verbs, e.g. répondre	-ir verbs, e.g. finir
tu form:	traverse	réponds	finis
nous form:	traversons	répondons	finissons
vous form:	traversez	répondez	finissez

Note the command forms of **aller**: va, allons, allez

Examples

(a) Addressing a friend (tu)

Va aux feux puis traverse la rue.   Go to the lights and then cross the road.

(b) Speaking to a group of people or to someone you address as 'vous'

Allez au bout de la rue puis tournez   Go to the end of the street and then turn
à droite.   right.

(c) Speaking to a group of which you are one

Traversons maintenant!   Let's cross now!

Prepositions with 'de'

Note that **de** + **le** changes to **du**, and **de** + **les** changes to **des**:

à côté du kiosque (de + le > du)
à côté de la boulangerie (no change)
à côté de l'église (no change)
à côté des feux rouges (de + les > des)

Similar prepositions include:

au bout de	at the end of
à droite de	on the right of
à gauche de	on the left of
en face de	opposite

Try out your French

Marie-Louise   Qu'est-ce que tu as acheté pendant ton séjour à La Rochelle?

You   **(1)** Say that you bought bread and croissants at the bakery every morning.

M-L   Tu es allé au marché?

You   **(2)** Say you went there several times.

M-L	Qu'est-ce que tu y as acheté?
You	**(3)** Say that there you bought fish, vegetables, fruit and cheese.
M-L	Tu as acheté des vêtements?
You	**(4)** Say that you bought some trainers. **(5)** The ones you are wearing.
M-L	Ils sont très beaux. Ils étaient chers?
You	**(6)** Say you paid 180 euros.
M-L	Ce n'est pas cher du tout.
You	**(7)** Say they were on special offer. **(8)** Ask M-L if she has bought anything in England.
M-L	Pas beaucoup. Tout est si cher. Pourtant j'ai acheté un beau guide de la région.
You	**(9)** Ask her how much she paid for it.
M-L	10 livres 50.

For answers see p. 94.

Test yourself

Ⓥ Vocabulary

1 Names of shops

Add the appropriate word.

(a) Je voudrais de la viande.

Va à la b_____ en face de l'église.

(b) Je voudrais acheter des fleurs.

Va chez le f_____ au coin de la rue.

(c) J'ai besoin d'une nouvelle paire de baskets.

Va au m_____ de c_____ là en face.

(d) J'ai besoin de dentifrice.

Va à la p _____. C'est sur ta droite.

(e) Je voudrais un bon guide de la région.

Tu vas en trouver à la l_____ en centre-ville.

2 Quantities

Ask for the quantity of the item(s) in the drawings.

Je voudrais:

(a) **(b)** **(c)** **(d)** €7/kg Pommes

(e) **(f)** **(g)** Fraises **(h)** Café

For answers see p. 94.

g Grammar

1 Demonstrative pronouns

Which one should be used? Choose from: celui, celle, ceux, celles.

(a) Quel film as-tu vu?

_____ que tu as vu.

(b) Quelles chaussures préfères-tu?

_____ qui sont à gauche.

(c) Quel train vas-tu prendre?

_____ qui part à 11 heures.

(d) Quelle maison veux-tu habiter?

_____ qui se trouve dans la banlieue.

(e) Quels rideaux vas-tu laver?

_____ qui sont au salon.

2 Object pronouns

*Replace the phrase in **bold type** with the correct pronoun chosen from:*
le, la, les, lui, leur, y, en

Example
Je prends **les baskets**.
Je les prends.

(a) Tu vois **cet homme**?

(b) Je vais **à la poste**.

(c) Tu me donnes **cette pomme**?

(d) Il m'a parlé **du film**.

(e) Tu prends **ces baskets**?

(f) Tu parlais **à ton frère**?

(g) Tu parlais **à tes parents**?

(h) Il nous donne **l'argent**.

3 Partitive articles

Translate:

(a) I would like some tomatoes.

(b) I would like to buy some cheese.

(c) Have you any money?

(d) I would like some water.

(e) I have bought some cream.

4 Commands

Write the English for each of these commands.

(a) Tournez à droite!

(b) Traversez la rue!

(c) Traversons la rue!

(d) Tournez à gauche!

(e) Allez au bout de la rue!

5 Prepositions with 'de'

Translate these phrases:

(a) next to the chemist's

(b) opposite the cinema

(c) at the end of the street

(d) to the left of the traffic lights

For answers see p. 94.

Exam question

Writing — higher tier

Complétez cette lettre.

> Hier je suis allé(e) en ville acheter des vêtements.
> Malheureusement j'ai perdu tout mon argent.
>
> …

N'oubliez pas de mentionner:
- vos émotions
- ce que vous avez fait en découvrant la perte
- les conséquences

Answers for Topic 4

Try out your French p. 67

1 Un aller et retour pour Menton, s'il vous plaît.
2 Deuxième.
3 C'est combien?
4 J'ai la carte 12 à 25 ans.
5 Il y a une réduction?
6 A quelle heure part le prochain train?
7 Il y a un buffet dans le train?
8 Merci.Voici.

Try out your French p. 68

1 J'aime beaucoup voyager, surtout en train.
2 C'est confortable et on peut voir le paysage.
3 Et toi, tu préfères quel moyen de transport?
4 J'ai voyagé en voiture en France et une fois j'ai pris le train de Paris à Chartres.
5 C'était plus pratique que la voiture.
6 As-tu voyagé en Grande Bretagne?

Test yourself pp. 69–70

Vocabulary

1 **(a)** voiture **(b)** train **(c)** métro **(d)** moto
(e) bicyclette **(f)** car **(g)** camion **(h)** vélo
(i) avion **(j)** bateau
2 **(a)** monte **(b)** descend **(c)** conduit
(d) stationne **(e)** rentre

Grammar

1 **(a)** que **(b)** qui **(c)** qui **(d)** qu' **(e)** que
2 **(i)** **(a)** attendu **(b)** sortis **(c)** composté
(d) sorties
2 **(ii)** **(a)** After having waited for the train for an hour she returned home.
(b) After having left/leaving the house my parents took a taxi.
(c) After having punched their tickets they looked for their seats in the train.
(d) After having left/leaving the house my sisters went to the bus stop.

Dialogue p. 74

1 Je voudrais réserver deux chambres avec salle de bain, une chambre double et une chambre pour une personne.
2 Pour deux nuits à partir du deux juillet.
3 Il y a un restaurant?
4 C'est combien les deux chambres?
5 Je voudrais réserver les chambres.
6 Il est possible de payer les arrhes par carte de crédit?
7 Je peux faxer la confirmation?

Try out your French p. 75

1 J'aime être actif/active.
2 En été j'ai passé quinze jours à un centre équestre au Pays de Galles.
3 Le matin on a fait un stage.
4 Puis nous avons fait des randonnées/balades/promenades à cheval.
5 L'après-midi nous avons joué au tennis.
6 Quel type de vacances préfères-tu?
7 J'aimerais faire de la voile mais je n'ai pas de bateau.
8 Oui, je voudrais bien.

Test yourself pp. 76–77

Vocabulary

1 Finlande, Irlande, France, Autriche, Grèce, Espagne, Belgique, Ecosse, Italie
2 **(a)** Belgique, belge, belge **(b)** Suède, suédois, suédoise **(c)** Allemagne, allemand, allemande **(d)** Danemark, danois, danoise **(e)** Angleterre, anglais, anglaise

Grammar

1 **(a)** Quel **(b)** Quel **(c)** Quelle **(d)** Quelles
2 **(a)** deux heures de l'après-midi/quatorze heures **(b)** minuit cinq **(c)** le onze avril dix-neuf cent/mil neuf cent quatre-vingt dix-sept **(d)** le premier mai deux mille un
3 **(a)** donnerais **(b)** répondraient **(c)** finirions **(d)** pourrait **(e)** seriez
4 **(a)** Je vais en France. **(b)** J'habite au Pays de Galles. **(c)** Je voudrais aller aux Etats-Unis. **(d)** Montréal est au Canada.

Answers for Topic 4

Try out your French p. 81

1 Il s'est bien passé mais la voiture est tombée en panne.
2 Près de Loches.
3 Pas trop difficile.
4 J'ai téléphoné à un garage dans la ville.
5 Le propriétaire a envoyé un mécanicien.
6 Nous nous sommes remis en route après une heure.
7 Très bien.
8 Mes parents et moi avons visité à peu près dix châteaux.
8 J'ai beaucoup aimé Azay-le-Rideau.
10 Mais Chenonceaux était le plus beau.
11 J'ai trouvé les syndicats d'initiative utiles.
12 Nous avons obtenu d'excellents dépliants et cartes.

Test yourself pp. 82–83

Vocabulary

1 **(a)** au salon de coiffure. I have my hair cut at the hairdresser's.
   (b) au bureau de change. I change my money into euros at the money exchange.
   (c) je fais vérifier les pneus. At the service station I have my tyres checked.
   (d) à la poste. I buy a stamp at the post office.
2 réparer   changer   laver   vérifier   envoyer   nettoyer   couper   acheter

Grammar

1 **(a)** Où vas-tu/allez-vous?/Où est-ce que tu vas/vous allez?
   (b) Es-tu/êtes-vous Français(e)? Est-ce que tu es/vous êtes Français(e)?
   (c) Voulez-vous/veux-tu laver la voiture s'il vous/te plaît?
   (d) As-tu/avez-vous un journal anglais?
   (e) Qu'as-tu/avez-vous fait/Qu'est-ce tu as/vous avez fait pendant les vacances?
2 **(a)** I am going to have my hair cut.
   (b) He had his car's tyres checked.
   (c) My friends are having a house built in the country.
   (d) I had my hair washed.

3 **(a)** Mon meilleur ami/ma meilleure amie.
   (b) Nous avons aimé le plus le château de Villandry.
   (c) Notre maison est la plus grande.
   (d) Ma soeur est la plus jolie.

Try out your French pp. 89–90

1 Chaque matin j'ai acheté/j'achetais du pain et des croissants de la boulangerie.
2 J'y suis allé(e) plusieurs fois.
3 J'y ai acheté du poisson, des légumes, des fruits et du fromage.
4 J'ai acheté des trainers.
5 Ceux que je porte.
6 Je les ai payés cent quatre-vingt euros.
7 Ils étaient en promotion.
8 Tu as acheté quelque chose en Angleterre?
9 Tu l'as payé combien?

Test yourself pp. 90–92

Vocabulary

1 **(a)** boucherie **(b)** fleuriste **(c)** magasin de chaussures **(d)** pharmacie **(e)** librairie
2 **(a)** une boîte de tomates **(b)** un morceau de fromage **(c)** une paire de chaussures **(d)** un kilo de pommes **(e)** une douzaine d'oeufs **(f)** une bouteille de vin rouge **(g)** un petit panier de fraises **(h)** un paquet de café

Grammar

1 **(a)** Celui **(b)** Celles **(c)** Celui **(d)** Celle **(e)** Ceux
2 **(a)** Tu le vois? **(b)** J'y vais. **(c)** Tu me la donnes? **(d)** Il m'en a parlé. **(e)** Tu les prends? **(f)** Tu lui parlais? **(g)** Tu leur parlais? **(h)** Il nous le donne.
3 **(a)** Je voudrais des tomates. **(b)** Je voudrais acheter du fromage. **(c)** As-tu de l'argent? **(d)** Je voudrais de l'eau. **(e)** J'ai acheté de la crème.
4 **(a)** Turn right. **(b)** Cross the road. **(c)** Let's cross the road. **(d)** Turn left. **(e)** Go to the end of the road.
5 **(a)** à côté de la pharmacie **(b)** en face du cinéma **(c)** au bout de la rue **(d)** à gauche des feux rouges

Topic 5
The young person in society

Environment

What you can revise in this section

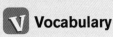 Vocabulary

- town and country
- pollution
- weather and climate
- protection of the environment

g Grammar

- conditional in sentences with 'if' clauses
- use of the pronoun 'on'

V Town and country

agriculture (f)	agriculture
campagne (f)	country
champ (m)	field
environnement (m)	environment
espace (m) vert	green space
industrie (f)	industry
milieu (m)	surroundings
paysage (m)	countryside
rural	rural
urbain	urban
ville (f)	town

V Pollution

centrale (f)	power station
centrale (f) nucléaire	nuclear power station
déchets (m pl)	waste
effet (m) de serre (f)	greenhouse effect
énergie (f)	energy
fumées (f)	smoke/fumes
gaz (m) toxique	poisonous gas
nuire (à)	to harm
pollution (f) atmosphérique	air pollution
pollution (f) sonore	noise pollution
poubelle (f)	dustbin
propre	clean
recyclage (m)	recycling
renouvelable	renewable
sale	dirty
usine (f)	factory

Quelques ondées sur le Nord

En début de journée, le soleil sera déjà de très belles apparitions dans de nombreuses régions. Il sera cependant plus discret sur le quart Nord-Est, et surtout sur les Pyrénées où quelques averses, éventuellement ponctuées d'un coup de tonnerre, seront possibles. Au cours de l'après-midi, des orages resteront au programme sur le massif pyrénéen. De l'Aquitaine aux Bouches-du-Rhône, le temps sera bien ensoleillé. Plus au nord, le ciel sera partagé entre nuages et éclaircies et quelques ondées ne seront pas exclues en Bretagne.

MER DU NORD-MANCHE. Les éclaircies seront généralement larges en début de journée. Ensuite, des nuages cumuliformes se développeront. Ils pourront être à l'origine de quelques courtes ondées, principalement l'après-midi. Les températures iront de 11 à 13° le matin à 19 à 23° l'après-midi. Le vent sera faible et s'orientera au nord-est.

Weather and climate

automne (m)	autumn
climat (m)	climate
climat (m) tropical	tropical climate
été (m)	summer
hiver (m)	winter
il fait beau	it's fine weather
il fait chaud	it's hot
il fait du brouillard	it's foggy
il fait du vent	it's windy
il fait froid	it's cold
il fait mauvais	it's bad weather

il neige	it's snowing
il pleut	it's raining
météo (f)	weather report
neige (f)	snow
pluie (f)	rain
printemps (m)	spring
saison (f)	season
temps (m)	weather

Protection of the environment

aigle (m)	eagle
contrôler	to control
espèce (f) en danger (m)	endangered species
forêt (f)	forest
loup (m)	wolf
monde (m)	world
ours (m)	bear
parc (m) national	national park
protéger	to protect
rapace (m)	bird of prey
réduire	to reduce
terre (f)	earth
vautour (m)	vulture

Exam conversations based on presentations

Town and country

Examiner Alors vous voulez parler des différences entre la vie urbaine et la vie rurale. Où habitez-vous?

You J'habite à la campagne.

Ex Avez-vous habité en ville?

You Oui, pendant cinq ans.

Ex Laquelle préférez-vous, la ville ou la campagne?

You Je préfère habiter en ville parce qu'il y a plus de choses à faire.

Ex Mais c'est plus propre à la campagne, n'est-ce pas?

You Vous avez raison. C'est plus calme aussi.

Ex Vous habitez un village?

You Oui. Mais il est assez grand.

Ex Décrivez-le.

You Il y a à peu près 500 habitants. Il y a un petit magasin, une alimentation générale. On y vend une grande variété de choses. Il y a deux pubs, une belle église, un terrain de football et trois fermes.

Ex Vous habitez près d'une ville?

You Oui, assez près. A 15 kilomètres.

Ex On peut y aller en bus?

You Oui et on peut y aller aussi en train. Il y une petite gare.

Ex Vous avez de la chance.

You Je vais en ville presque chaque weekend.

Environment and pollution

Ex Alors vous voulez parler de l'environnement et de la pollution. Pourquoi avez-vous choisi ce sujet?

You Je pense que notre environnement est très important. Il y a beaucoup de dangers et il faut le protéger.

Ex A votre avis quel est le plus grand danger?

You C'est la pollution atmosphérique. Elle affecte les humains, les animaux et les plantes.

Ex Quelles sont les causes de la pollution atmosphérique?

You Surtout les émissions toxiques des usines et des automobiles.

Ex Peut-on contrôler ces émissions?

You Oui. Mais il faut que tous les pays industriels les contrôlent.

Ex Si vous étiez premier ministre qu'est-ce que vous feriez pour contrôler les émissions?

You Si j'étais premier ministre j'encouragerais le développement des énergies renouvelables.

g Grammar

Conditional in sentences with 'if' clauses

Note that when the main clause is in the conditional tense, the **si** clause is in the imperfect tense and the main clause does not always come first in the sentence.

Si tu avais le choix, où habiterais-tu?	If you had the choice, where would you live?
Si tu pouvais, que ferais-tu pour réduire le niveau de pollution dans les grandes villes?	If you could, what would you do to reduce the pollution level in cities?
J'achèterais une grande maison dans le Midi de la France si je gagnais beaucoup d'argent.	I would buy a house in the south of France if I won a lot of money.

Use of the pronoun 'on'

On is used to translate the English 'one', 'they', and 'people' used in a general sense.

On dit que la France est le plus beau pays d'Europe.

They say/it is said that France is the most beautiful country in Europe.

On va au cinéma?

Shall we go to the cinema?

Try out your French

Marie-Louise   Tu m'as dit que tu as passé quelque temps dans les Pyrénées. Parle-moi de ce que tu as fait et vu.

You   **(1)** Say that you and your friends went on some great walks. **(2)** Sometimes you spent the whole day in the mountains. **(3)** Say you are interested in photography. **(4)** You took photos of birds — eagles and vultures — in the National Park.

M-L   Quelles autres activités peut-on faire dans le parc?

You   **(5)** You can do treks on horseback. **(6)** Mountaineering. **(7)** Fishing.

M-L   Tu penses que les parcs nationaux sont importants?

You   **(8)** Say of course you do. **(9)** Endangered species must be protected. **(10)** In national parks we can be close to nature. **(11)** Ask M-L if she has been to a national park.

M-L   Oui. Il y a deux ans je suis allée au parc national du Morvan en Bourgogne.

You   **(12)** Ask her what she did there.

M-L   J'y ai fait du canoë-kayak.

For answers see p. 114.

GCSE French

Topic 5

Test yourself

 Vocabulary

1 Weather

Quel temps fait-il?

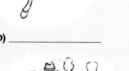

Il pleut

(a) _____

(b) _____

(e) _____

(c) _____

(d) _____

2 Pollution and protection of the environment

Give the French for:

(a) a factory **(b)** to harm **(c)** dirty **(d)** clean **(e)** an endangered species **(f)** the earth
(g) to protect **(h)** a power station **(i)** a wolf **(j)** an eagle

For answers see p. 114.

Grammar

1 Conditional tense

Translate into French:

(a) If I were rich I would buy a sports car.

(b) If I lived in France I would go skiing twice a year.

(c) What would you do to control the level of pollution if you were prime minister?

(d) My brother would play football all day if he could.

2 Uses of 'on'

Translate into English:

(a) Qu'est-ce qu'on va faire samedi?

(b) On dit qu'il y a trop de voitures en Angleterre.

(c) En France on mange bien.

(d) Si on achetait une voiture électrique on créerait moins de pollution atmosphérique.

For answers see p. 114.

Exam question

Reading comprehension — higher tier

Les municipalités des grandes villes ont créé des milliers d'hectares d'espaces verts. Elles ont pris des mesures pour réduire la pollution de toutes sortes, surtout la pollution atmosphérique.

Dans le cas de La Rochelle on a encouragé l'usage du vélo et de la voiture électrique.

Strasbourg, une des plus grandes villes de France et capitale européenne, a un tramway neuf. Ce tramway a entraîné des transformations énormes tout en apportant aux Strasbourgeois une grande amélioration à la qualité de leur vie. Un seul tram transporte autant de personnes que 177 voitures.

On a trouvé peut-être à Strasbourg une solution au grand problème de la pollution automobile. Celle-ci empoisonne l'air et provoque toutes sortes de maladies, parmi lesquelles sont la migraine, les troubles cardio-vasculaires, l'anémie et les vertiges.

Answer the questions in English.

Paragraph 1

1 What have French city councils done to improve the urban environment?

Paragraph 2

2 What has been encouraged in La Rochelle?

Paragraph 3

3 How is Strasbourg described?

4 Explain this sentence: 'Un seul tram transporte autant de personnes que 177 voitures.'

Paragraph 4

5 Name two illnesses caused by vehicle pollution that are mentioned in the text.

Media, entertainment and fashion

What you can revise in this section

 Vocabulary

- entertainment and the media
- publicity
- fashion

 Grammar

- the passive, including reflexives used with passive meaning
- verbs expressing likes and dislikes

Ways of spending Saturday night

Mon frère qui a 16 ans va au cinéma avec sa copine. Après le cinéma ils passent la soirée chez des amis. Ils s'amusent bien. Ils écoutent des disques. Ils regardent des vidéocassettes.

Mes parents aiment beaucoup aller au théâtre. Heureusement il y a un excellent théâtre en ville. Souvent de très bonnes compagnies y jouent. Après le théâtre il leur plaît de dîner dans un petit restaurant.

Ma soeur qui a 25 ans sort avec son fiancé.
Ils adorent énormément le jazz. Ils vont
souvent dans une boîte de nuit où jouent
de très bons musiciens. Après ils aiment
prendre une pizza dans une pizzeria italienne.

Ⓥ Entertainment and the media

cassette (f) vidéo/ vidéocassette (f)	video
chaîne (f)	television channel
cinéma (m)	cinema
dessin (m) animé	cartoon
disque (m) compact	CD
doublé	dubbed
écran (m)	screen
émission (f)	programme
feuilleton (m)	serial, soap
film (m) comique, d'amour, d'aventures, policier	comedy, love story, adventure film, thriller

flash (m) d'information	news flash
informations (f pl)	news
informations (f pl) sportives	sports news
jeu (m) télévisé	quiz show
jouer du piano	to play the piano
journal (m)	newspaper
magazine (m)	magazine
média (m)	one of the media
médias (m pl)	media
musique (f) classique/pop	classical/pop music
presse (f)	press
sous-titre (m)	sub-title
spectacle (m)	show
théâtre (m)	theatre
vedette (f)	film star
version (f) originale	undubbed (film)

Mes grands-
parents sortent
quelquefois mais
le plus souvent ils
passent la soirée
chez eux en
compagnie de
leurs amis. Ma
grand-mère aime
beaucoup faire
la cuisine. Après
un bon dîner ils
regardent des
films policiers
américains en
version originale.

Quant à moi, quelquefois je sors avec un copain. Mais assez souvent je joue du violon dans un groupe folklorique. On nous invite à jouer partout, cafés, salles de concert, théâtres.

Examiner Alors vous allez parler de la publicité. Etes-vous influencé(e) par la publicité?

You Oui, quelquefois. Les spots publicitaires à la télévision et à la radio sont souvent très efficaces.

Ex Pour quel type de produit?

You Les vêtements, les produits de maquillage et les produits alimentaires.

Ex Est-ce que vous pensez que les pubs à la télé ciblent les enfants?

You Oui. Les slogans, les jingles et les dessins animés peuvent être très efficaces. Alors les enfants demandent à leurs parents d'acheter les produits.

Ex Est-ce qu'on devrait interdire la publicité à la télé qui cible les enfants?

You Je ne pense pas. S'ils veulent le faire, les parents peuvent exercer un contrôle sur ce que leurs enfants regardent.

Publicity

acheter	to buy
annonce (f)	written advertisement
campagne (f) publicitaire	advertising campaign
cibler	to target
efficace	effective
image (f)	image
jingle (m)	jingle
marque (f)	brand
produit (m)	product
pub (f)	ad
publicité (f)	advertising, publicity
slogan (m)	slogan
spot (m) publicitaire	advert
vendre	to sell
vente (f)	sale

Fashion

à la mode	in fashion
après-rasage (m)	aftershave
argent (m)	silver
bague (f)	ring
bijou (m)	piece of jewellery
bon marché	cheap
boucles (f pl) d'oreilles (f)	earrings
bracelet (m)	bracelet
cadeau (m)	present
cher	expensive
déodorant (m)	deodorant
diamant (m)	diamond
journal (m) de mode	fashion magazine
mannequin (m)	model
maquillage (m)	make-up
mascara (m)	mascara
mode (f)	fashion
modèle (m)	model
or (m)	gold
parfum (m)	perfume
rouge (m) à lèvres	lipstick
s'habiller	to dress
styliste (m/f)	designer (in textiles)
une bonne affaire	a bargain

 Grammar

The passive

You can form the passive in French as you do in English by using the appropriate tense of **être** and the past participle:

Ce produit est utilisé par beaucoup de personnes.   This product is used by many people.

You can sometimes translate the English passive into French by using a reflexive verb:

Ce produit se vend chez Dupont.   This product is sold at Dupont's.

Verbs expressing likes and dislikes

aimer   to like, to love   **adorer**   to adore, to love   **détester**   to hate, to detest

Note the construction **plaire/déplaire à quelqu'un**:

Cette bague me plaît.   I like that ring.
Cette mode me déplaît.   I don't like that fashion.

Try out your French

Marie-Louise   Où est-ce que tu achètes tes vêtements?

You   **(1)** Say in all kinds of shops. **(2)** You like to find a bargain.

M-L   Tu aimes t'habiller à la mode?

You   **(3)** Say of course, but it is difficult and expensive.

M-L   Tu portes des bijoux?

You   **(4)** Say you wear earrings, rings and a bracelet.

M-L   Est-ce que tu achètes des parfums?

You   **(5)** Yes but you like good perfumes and they are very expensive in England.
(6) Ask M-L if they are expensive in France.

M-L   C'est meilleur marché en France. On fabrique de très bons parfums en France. Tu achètes des vêtements à la saison des soldes?

You   **(7)** Yes, if you find something you like. **(8)** Ask M-L if there are sales in France.

M-L   Oui, bien sûr. Et il est possible de trouver de bonnes affaires. Dans les meilleurs magasins on peut même trouver des vêtements des meilleurs stylistes. Tu t'intéresses à la mode?

You   **(9)** Say that you do. You read the fashion magazines. **(10)** You also like to follow the careers of the famous models.

For answers see p. 114.

Test yourself

 Vocabulary

1 Media/entertainment

Give the English for:

(a) émission **(b)** feuilleton **(c)** dessin animé **(d)** sous-titre **(e)** vedette de cinéma
(f) informations **(g)** boîte de nuit **(h)** écran

2 Publicity

Give the French for:

(a) to target **(b)** to sell **(c)** a sale **(d)** a publicity campaign **(e)** an image **(f)** a brand
(g) a product **(h)** effective

3 Fashion, clothes, accessories

Give the French words represented by these drawings.

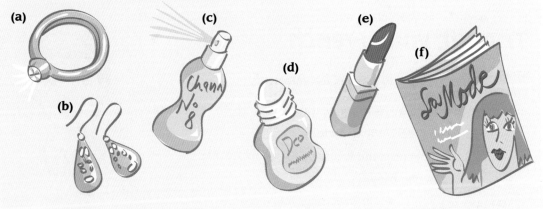

For answers see p. 114.

Grammar

1 Passive

Complete the sentences by translating the words in brackets.

(a) Cette maison *(was built)* en 1980.

(b) Cette voiture *(will be sold)* cet après-midi.

(c) La cuisine *(is cleaned)* chaque jour.

(d) La lettre *(was sent)* yesterday.

(e) Le soldat *(has been wounded)*.

2 Verbs expressing likes and dislikes (using adverbs)

Translate these sentences into English.

(a) J'aime bien cette couleur.

(b) J'aime mieux le rouge.

(c) Ce garçon me plaît énormément.

(d) Cette chemise me déplaît beaucoup.

(e) Je ne danse pas mal.

(f) Il parle doucement.

For answers see p. 114.

Exam question

Reading comprehension — higher to foundation tier

Voici des extraits d'une interview publiée dans un magazine pour les jeunes.

– Je suis amateur de cinéma. J'aime surtout les films américains. Je voudrais moi-même tourner des films. (Manuel)

– Je ne regarde presque jamais la télévision. C'est une perte de temps. Je préfère faire du sport, surtout de l'athlétisme. (Marie)

– J'adore lire les romans d'aventures. Je dépense tout mon argent de poche sur les livres. Je viens d'écrire une petite histoire d'aventures. (Alain)

– Ce qui me plaît surtout c'est de jouer dans des pièces de théâtre. (Madeleine)

– Je dépense mon argent de poche sur les nouveaux vêtements. J'aime tout ce qui est à la mode. Souvent je dessine les vêtements. (Philippe)

– J'adore regarder les pubs à la télé. Ce qui m'intéresse le plus ce sont les slogans. Quelquefois j'invente les miens. (Karine)

– J'adore regarder les films étrangers en version originale. C'est un bon moyen d'apprendre les langues. Je voudrais utiliser mes langues dans mon travail futur. (Natasha)

Qui s'intéresserait à ces professions? *Cochez la colonne appropriée.*	Manuel	Marie	Alain	Madeleine	Philippe	Karine	Natasha
Exemple: metteur en scène	✔						
interprète							
styliste							
professeur de gym							
créateur de pubs							
écrivain							
acteur/actrice							

Social issues, choices and responsibilities

What you can revise in this section

Vocabulary

- world problems
- social problems
- responsibilities and choices

Grammar

- verbs followed by 'à' or 'de' before an infinitive, e.g. il a commencé à parler
- some uses of the subjunctive

World problems

aide (f) au développement (m)	development aid
défavorisé	underprivileged
désastre (m)	disaster
domaine (m)	area
faim (f)	hunger
fléau (m)	curse, calamity
guerre (f)	war
inondation (f)	flood
paix (f)	peace
pauvre	poor
pauvreté (f)	poverty
pays (m) sous voie (f) de développement (m)	developing country
terrorisme (m)	terrorism
terroriste (m)	terrorist
tiers monde (m)	third world
tremblement (m) de terre (f)	earthquake

V Social problems

agresser	to attack violently
alcool (m)	alcohol
alcoolisme (m)	alcoholism
cannabis (m)	cannabis
chercher asile (m)	to seek asylum
clandestin	illegal
criminalité (f)	crime
démuni	destitute
d'origine (f) maghrébine	of North African origin
drogue (f) dure/douce	hard/soft drug
envers	towards

famille (f) monoparentale	one-parent family
immigré(e)	immigrant
interdire	to forbid
lutte (f) contre la drogue	fight against drugs
préservatif (m)	condom
racisme (m)	racism
sida (m)	AIDS
stupéfiant (m)	narcotic
tabagisme (m)	excessive smoking
toxicomane (m/f)	drug addict

Exam conversations based on presentations

Social problems

Examiner Alors vous avez décidé de parler des problèmes de notre société. A votre avis quels sont les problèmes les plus sérieux?

You Chez les jeunes c'est le problème des drogues. Le tabagisme est aussi très sérieux. Il y a toujours beaucoup de jeunes qui fument et qui commencent à fumer.

Ex Mais c'est très nuisible. Les jeunes savent-ils qu'il est nuisible de fumer?

You Il y a des cours spéciaux à l'école où les profs indiquent les dangers pour la santé.

Ex Pourquoi continuent-ils de fumer?

You On considère que c'est adulte et aussi on imite ses camarades qui fument.

Ex Pensez-vous que l'usage du cannabis devrait être légalisé?

You On dit que le cannabis est moins dangereux que le tabac. Si c'est le cas je ne sais pas pourquoi le tabac n'est pas interdit.

Ex Est-ce que vous pensez que le racisme est un grand problème?

You En Grande Bretagne, non.

Ex Et l'attitude des Britanniques envers les immigrés? Quelques personnes pensent qu'on ne devrait pas accepter les immigrés clandestins. Qu'en pensez-vous?

You Ça dépend des raisons pour lesquelles l'immigré a quitté son pays d'origine.

V Responsibilities and choices

aide (f)	aid
aider	to help
choix (m)	choice
construction (f)	building
construire	to build
échange (m)	exchange
financier	financial
individu (m)	individual
projet (m)	project
responsabilité (f)	responsibility
soutien (m)	support
volontaire (m/f)	volunteer

World problems

Examiner Je vois que vous voulez parler des problèmes du tiers monde. Pouvez-vous me définir ce terme?

You Le tiers monde comprend les pays sous voie de développement comme beaucoup de pays d'Afrique et d'Asie. Souvent ces pays sont très pauvres et ils ont besoin d'aide.

Ex Quelle sorte d'aide? Financière?

You Financière oui, mais aussi le soutien de volontaires.

Ex Dans quels domaines?

You Celui de l'enseignement, de la construction, de la médecine.

Ex Avez-vous pensé à travailler comme volontaire dans un pays du tiers monde?

You Oui. J'ai demandé des détails de l'organisme 'Solidarités Jeunesses'. Je voudrais travailler comme volontaire en Inde à la fin de mes études scolaires.

g Grammar

Verbs followed by 'a' or 'de' before an infinitive

(a) Verbs with à + infinitive

aider	to help	inviter	to invite
continuer	to continue	obliger	to compel
commencer	to begin, to start	penser	to think
encourager	to encourage	réussir	to succeed

Il a commencé à fumer. He started to smoke.
Elle a réussi à le faire. She succeeded in doing it.

(b) Verbs with de + infinitive

avoir besoin	to need	avoir tort	to be wrong
avoir envie	to want	décider	to decide
avoir honte	to be ashamed	défendre	to forbid
avoir l'intention	to intend	essayer	to try
avoir peur	to be afraid	oublier	to forget
avoir raison	to be right	refuser	to refuse

J'ai envie d'aller voir ce film. I want to see that film.
J'ai essayé de vous contacter. I tried to contact you.

Some uses of the subjunctive

The subjunctive is used after verbs or phrases expressing:

(a) Necessity or obligation

Il faut que tu le fasses. You must do it.

(b) Wish or preference

Je voudrais que tu ailles en France.   I would like you to go to France.

(c) Feeling

Je suis étonné que tu sois venu.   I am surprised you have come.

(d) Doubt

Je doute que ce film soit intéressant.   I doubt if this film is interesting.

(e) Possibility

Il est possible qu'il vienne demain.   He may come tomorrow.

It is also used after **bien que** (although), **quoique** (although), **avant que** (before), **pour que** (in order that), **afin que** (in order that):

Bien que ces pays soient pauvres, ils essayent de jouer un rôle important dans le monde.   Although these countries are poor, they try to play an important role in the world.

Try out your French

Marie-Louise   En France il y a beaucoup de cas d'agressions. C'est la même chose chez toi?

You   **(1)** Say it's the same. **(2)** Especially in big cities.

M-L   Est-ce que le racisme existe chez toi?

You   **(3)** Say it does exist. **(4)** Sometimes there are serious racist attacks.

M-L   En France il y a des mouvements de solidarité entre blancs et noirs et maghrébins. Ça existe chez toi?

You   **(5)** Say that generally people of different races live together without conflict.

M-L   Il y a en France des organismes qui aident les pays du tiers monde. Moi, j'ai été volontaire au Maroc. Notre équipe de volontaires a aménagé un espace vert dans un village. Tu voudrais faire ça?

You   **(6)** Say you would like to very much. **(7)** You intend to work in a primary school in India after you finish your school studies. **(8)** You think it is a good thing to see different parts of the world and to get to know the people of another country.

M-L   Tu penses que ce type de travail devrait être obligatoire pour tous les jeunes?

You   **(9)** Say you do not think it should be compulsory. **(10)** Although young people should be encouraged to do it.

For answers see p. 115.

Test yourself

V Vocabulary

1 Society and social issues

Solve the anagrams.

(a) iétsocé

(b) quepoliti

(c) criamse

(d) cratdemoié

(e) trapi

(f) gtabamise

(g) ionargess

(h) tindesclan

2 World issues

(i) Give the French words for:

(a) freedom

(b) choice

(c) aid

(d) project

(e) decision

(f) individual

(g) happiness

(h) to help

(ii) Give the English for:

(a) tiers monde

(b) guerre

(c) paix

(d) pauvreté

(e) inondation

(f) fléau

(g) défavorisé

(h) pays en voie de développement

For answers see p. 115.

g Grammar

1 Verb + à/de + infinitive

Complete with the correct preposition, 'à' or 'de':

(a) J'ai réussi _____ trouver un emploi dans un restaurant.

(b) Il a commencé _____ fumer à l'âge de 14 ans.

(c) J'ai décidé _____ travailler dans un pays du tiers monde.

(d) J'ai honte _____ le dire.

(e) Elle a besoin _____ manger.

(f) Il m'a défendu _____ parler de cette affaire.

(g) On devrait encourager les jeunes _____ faire un travail volontaire.

(h) J'ai continué _____ lire.

2 Uses of the subjunctive

Complete these sentences with the present subjunctive, using the infinitives in the brackets.

(a) Il faut que tu me (DIRE) tout.

(b) Il veut que j'(ALLER) au cinéma avec lui.

(c) Je suis étonné(e) que tu (ETRE) arrivé(e) avant moi.

(d) Il est possible qu'il le (FAIRE) avant moi.

(e) Bien qu'il y (AVOIR) du racisme dans ce pays, en général les gens sont gentils.

For answers see p. 115.

For answers see p. 115.

Exam question

Reading comprehension — higher tier

Travail volontaire en Inde: description d'un projet

Le but de ce projet est de permettre aux individus de passer un moment sur des projets de développement local. Ils participent alors aux actions menées dans les villages.

Les volontaires sont deux ou trois sur chaque projet. Ils vivent et travaillent avec les habitants et peuvent ainsi comprendre la réalité de la vie dans un pays du sud, l'importance des relations entre riches et pauvres, entre assistant et développement local.

Les volontaires doivent passer au moins un mois sur le projet. Ils doivent arriver le premier du mois à Delhi pour un temps de préparation et pour connaître le village où ils iront travailler. Il n'est pas possible de définir le travail à l'avance — il dépend de la vie dans le village. Les volontaires doivent être prêts à vivre dans des conditions très simples, être respectueux des coutumes et de la culture locales et savoir s'adapter au travail qui est demandé.

Si vous souhaitez vous inscrire, indiquez le village Dakshinayan et la période pendant laquelle vous souhaitez partir sur votre fiche d'inscription.

Cochez (✔) les quatre phrases vraies.

Exemple: Les volontaires aideront les gens du village dans leurs projets.	✔
(a) Les volontaires seront dans un pays d'Europe.	
(b) Ils vivront dans des hôtels.	
(c) Ils connaîtront la vraie vie des gens du village.	
(d) Ils passeront moins d'un mois sur le projet.	
(e) Ils iront directement dans le village où ils travailleront.	
(f) Ils ne sauront pas ce qu'ils feront avant d'arriver.	
(g) Ils partageront la vie des gens du village.	
(h) Ils arriveront à Delhi au début du mois.	

Answers for Topic 5

Try out your French p. 99

1 Mes amis et moi avons fait de belles randonnées.
2 Quelquefois nous avons passé toute la journée dans les montagnes.
3 Je suis amateur de photographie.
4 J'ai photographié des oiseaux — aigles et vautours — dans le parc national.
5 On peut faire des randonnées équestres.
6 On peut faire de l'alpinisme.
7 Et de la pêche.
8 Naturellement.
9 On doit protéger les espèces en danger.
10 Aux parcs nationaux on peut être près de la nature.
11 As-tu été à un parc national?
12 Qu'est-ce que tu y as fait?

Test yourself pp. 100–01

Vocabulary

1 (a) Il neige (b) Il fait un temps nuageux (c) Il fait du vent (d) Il fait du brouillard (e) Il fait du soleil
2 (a) une usine (b) nuire (c) sale (d) propre (e) une espèce en danger (f) la terre (g) protéger (h) une centrale (i) un loup (j) un aigle

Grammar

1 (a) Si j'étais riche j'achèterais une voiture de sports.
(b) Si j'habitais en France je ferais du ski deux fois par an.
(c) Que ferais-tu pour contrôler le niveau de pollution si tu étais premier ministre?
(d) Mon frère jouerait au football toute la journée s'il pouvait.
2 (a) What are we going to do on Saturday?
(b) They say that there are too many cars in England.
(c) They eat well in France.
(d) If we bought an electric car we would cause less atmospheric pollution.

Try out your French p. 105

1 Dans toutes sortes de magasins.
2 J'aime trouver de bonnes affaires.
3 Oui, bien sûr, mais c'est difficile et cher.
4 Oui, je porte des boucles d'oreilles, des bagues et un bracelet.
5 Oui. Mais j'aime les bons parfums qui sont très chers en Angleterre.
6 Ils sont chers en France?
7 Oui, si je trouve quelque chose qui me plaît.
8 Y a-t-il des soldes en France?
9 Oui, je m'y intéresse. Je lis les journaux de mode.
10 Je m'intéresse aussi à la carrière des modèles célèbres.

Test yourself pp. 106–07

Vocabulary

1 (a) programme (b) serial (c) cartoon (d) sub-title (e) film star (f) news (g) night club (h) screen
2 (a) cibler (b) vendre (c) une vente (d) une campagne publicitaire (e) une image (f) une marque (g) un produit (h) efficace
3 (a) bague (b) boucles d'oreilles (c) parfum (d) déodorant (e) rouge à lèvres (f) journal de mode

Grammar

1 (a) a été/était construite
(b) sera vendue
(c) est nettoyée
(d) a été envoyée
(e) a été blessé
2 (a) I like that colour a lot./I'm fond of that colour.
(b) I prefer the red./I like the red more.
(c) I really like that boy.
(d) I really dislike that shirt.
(e) I dance quite well.
(f) He speaks quietly.

Try out your French p. 111

1 C'est la même chose.
2 Surtout dans les grandes villes.
3 Oui, il existe.
4 Quelquefois il y a des agressions racistes sérieuses.
5 Normalement les membres des races différentes s'entendent sans conflit.
6 Je voudrais bien.
7 J'ai l'intention de travailler dans une école primaire en Inde à la fin de mes études scolaires.
8 Je pense que c'est une bonne chose de voir de différentes parties du monde et de connaître les gens d'un autre pays.
9 A mon avis il ne devrait pas être obligatoire.
10 Bien qu'on doive encourager les jeunes à le faire.

Test yourself pp. 112–13

Vocabulary

1 **(a)** société **(b)** politique **(c)** racisme **(d)** démocratie **(e)** parti **(f)** tabagisme **(g)** agression **(h)** clandestin
2 **(i) (a)** liberté **(b)** choix **(c)** aide **(d)** projet **(e)** décision **(f)** individu **(g)** bonheur **(h)** aider
2 **(ii) (a)** third world **(b)** war **(c)** peace **(d)** poverty **(e)** flood **(f)** disaster **(g)** under-privileged **(h)** developing country

Grammar

1 **(a)** à **(b)** à **(c)** de **(d)** de **(e)** de **(f)** de **(g)** à **(h)** à
2 **(a)** dises **(b)** aille **(c)** sois **(d)** fasse **(e)** ait

Summary of tenses, their formation and their meanings

Verbs of the three main regular conjugations are used below to show the formation of tenses and their meanings. You can find the irregular verbs in your course book, in a grammar book or in a dictionary. However, you will find helpful information in this book on the uses of the various parts of the verb.

Simple tenses of -ER verbs

The endings are given in capital letters.

REGARDER

Tense	Forms	Meaning
Present	Je regardE, tu regardES, il, elle, on regardE, nous regardONS, vous regardEZ, ils, elles regardENT	I look, I am looking etc.
Imperfect	Je reagardAIS, tu regardAIS, il, elle, on regardAIT, nous regardIONS, vous regardIEZ, ils, elles regardAIENT	I was looking etc.
Future	Je regarderAI, tu regarderAS, il, elle, on regarderA, nous regarderONS, vous regarderEZ, ils, elles regarderONT	I will look etc.
Conditional	Je regarderAIS, tu regarderAIS, il, elle, on regarderAIT, nous regarderIONS, vous regarderIEZ, ils, elles regarderAIENT	I would look etc.

Simple tenses of -IR verbs

FINIR

Tense	Forms	Meaning
Present	Je finiS, tu finiS, il, elle, on finiT, nous finiSSONS, vous finiSSEZ, ils, elles finiSSENT	I finish, I am finishing etc.
Imperfect	Je finissAIS, tu finissAIS, il, elle, on finissAIT, nous finissIONS, vous finissIEZ, ils, elles finissAIENT	I was finishing etc.
Future	Je finirAI, tu finirAS, il, elle, on finirA, nous finirONS, vous finirEZ, ils, elles finirONT	I will finish etc.
Conditional	Je finirAIS, tu finirAIS, il, elle, on finirAIT, nous finirIONS, vous finirIEZ, ils, elles finirAIENT	I would finish etc.

Simple tenses of -RE verbs

REPONDRE

Tense	Forms	Meaning
Present	Je répondS, tu répondS, il, elle, on répond, nous répondONS, vous répondEZ, ils, elles répondENT	I answer, I am answering etc.
Imperfect	Je répondAIS, tu répondAIS, il, elle, on répondAIT, nous répondIONS, vous répondIEZ, ils, elles répondAIENT	I was answering etc.
Future	Je répondrAI, tu répondrAS, il, elle, on répondrA, nous répondrONS, vous répondrEZ, ils, elles répondrONT	I will answer etc.
Conditional	Je répondrAIS, tu répondrAIS, il, elle, on répondrAIT, nous répondrIONS, vous répondrIEZ, ils, elles répondrAIENT	I would answer etc.

Compound tenses

Compound tenses are made up of the relevant tense of the auxiliary verb (**avoir** or **être**) and the past participle. All verbs are formed in the same way.

Tense	Forms	Meaning
Perfect	J'ai, tu as, il/elle/on a, nous avons, vous avez, ils/elles ont REGARDÉ/FINI/RÉPONDU	I have looked/finished/answered etc.
Pluperfect	J'avais, tu avais, il/elle/on avait, nous avions, vous aviez, ils/elles avaient REGARDÉ/FINI/RÉPONDU	I had looked/finished/answered etc.
Future perfect	J'aurai, tu auras, il/elle/on aura, nous aurons, vous aurez, ils/elles auront REGARDÉ/FINI/RÉPONDU	I will have looked/finished/answered etc.
Conditional perfect	J'aurais, tu aurais, il/elle/on aurait, nous aurions, vous auriez, ils/elles auraient REGARDÉ/FINI/RÉPONDU	I would have looked/finished/answered etc.

Reflexive verbs

Reflexive verbs (e.g. **se coucher**) are formed in the same way as non-reflexive verbs, but with the addition of the reflexive pronouns. The compound tenses are formed with the verb **être**.

Tense	Forms	Meaning
Present	Je me couche, tu te couches, il/elle/on se couche, nous nous couchons, vous vous couchez, ils/elles se couchent	I go to bed etc.
Perfect	Je me suis couché(e), tu t'es couché(e), il s'est couché, elle s'est couchée, on s'est couché, nous nous sommes couché(e)s, vous vous êtes couché(e)(s), ils se sont couchés, elles se sont couchées	I went to bed etc.

Pluperfect	Je m'étais couché(e), tu t'étais couché(e), il s'était couché, elle s'était couchée, on s'était couché, nous nous étions couché(e)s, vous vous étiez couché(e)(s), ils s'étaient couchés, elles s'étaient couchées	I had gone to bed etc.
Future perfect	Je me serai couché(e), tu te seras couché(e), il se sera couché, elle se sera couchée, on se sera couché, nous nous serons couché(e)s, vous vous serez couché(e)(s), ils se seront couchés, elles se seront couchées	I will have gone to bed etc.
Conditional perfect	Je me serais couché(e), tu te serais couché(e), il se serait couché, elle se serait couchée, on se serait couché, nous nous serions couché(e)s, vous vous seriez couché(e)(s), ils se seraient couchés, elles se seraient couchées	I would have gone to bed etc.